陽明学のすすめⅧ

人間学講話　中江藤樹

深澤賢治

明徳出版社

序　文

石川　忠久

送熊澤子　　　　　　　　中江藤樹
淵鑑惟幸　　　　　　　　淵鑑惟れ幸いなり
動而無動靜無靜　　　　　動いて動くなく静にして静なることなし
無倚圓神未發中　　　　　無倚円神未発の中
愼獨玄機必於是　　　　　慎独の玄機必ず是に於いてす
上天之載自融通　　　　　上天の載《こと》も自ら融通

動いても動かない。静かなようで静かでない。思想詩というか哲学詩というか。静とか動とかは世の中の見方であって、静も動も同じだと言っている。蕃山を褒めているわけです。蕃山はこれから外に向かって色々開いていくだろうが、まだそれは中にこもっている。

未発だというのでしょう。こういう詩は読んでいるうちに成る程となる。いかにも熊澤蕃山を送るのにふさわしい。
　蕃山としては師匠がとても自分に期待していると分かる。こういう詩をもらったら、これは大変だ。先生が一生懸命考えて、腕によりをかけて作ったものだ。「慎独の玄機必ず是に於いてす」などは相当練っている。蕃山は発奮するしかないな。

　この度、斯文会の湯島聖堂で毎月一回講話を重ねている中斎塾フォーラム深澤塾長が、「陽明学のすすめ Ⅷ」として中江藤樹を執筆致しました。人さまに親切な人が少なくなった昨今、こういう時には近江聖人と言われた聖人の足跡を尋ねてみるのも良いのではないかと思います。徳行の人と言われた人の後を尋ねる。今の時代だからこそ、落ち着いてこういう本に親しんでみることをお勧めします。

（元公益財団法人斯文会理事長・元二松学舎大学学長・全国漢文教育学会会長）

まえがき

『陽明学のすすめⅦ　佐藤一斎』を平成三十一年一月二十四日、世に送りだして以来、二年間ほど間が空きました。『陽明学のすすめ』をシリーズで出そうと決めた当初から、日本陽明学の祖と言われる中江藤樹はいつか書かねばならないと思いつつ時間が過ぎて参りました。今まで藤樹の関連書籍を集め、読み、且つ藤樹書院に何度も伺いましたが、なかなか筆が進みませんでした。

藤樹は「近江聖人」と言われ、「日本陽明学の祖」と言われました。私は誰がそう言い出したのか、いつ頃そう言われ出したのか、そこが大変疑問でした。肖像画に対する疑問とあわせて、自分なりに納得できる答えを見出したいと思いつつ藤樹と向き合っています。

今回のコロナ禍で、腹を括って書こうと決め、赤城山に入りました。世界は新型コロナウィルスが猛威を振るっている最中です。日本では七年八ヶ月続いた安倍政権が終わり、菅内閣が発足しました。これからの日本はコロナと共存したニューノーマルの世界にならざるを得ません。

来年は干支で言うと辛丑です。「辛」という文字は東日本大震災3・11の時と同じように辛く、酷い年回りになるであろうと感じています。また、自分にとって新しい何かを始める年でもあると思います。小さな親切や人さまのためになる事を少しずつ積み重ねて、自分自身は自給自足のサイクルに入っていくべきであろうと考えています。

令和二年十二月十八日

赤城山　壺中庵にて　深澤賢治

目次

目　次

余　話　251

※文中、歴史上の人物は敬称を略すが、文の主旨上、敬称をつける場合がある。他の人物については、歴史上の人物を除き敬称を付すことを基本とした。
※引用に際して誤字・脱字・明らかに意味不明の所は字を加える等して、意味を明らかにした。

人物像

藤樹の印象

中江藤樹《なかえとうじゅ》の印象は肖像画から見る印象と、色々な文章から想像する人物像とはかなり食い違いがあります。文章を読んで漠然と思っていたのは病弱で大変痩せており、生涯喘息に苦しめられながらも藤樹学を確立した徳行の人で、四十一歳という短い生涯を終えたというイメージです。

藤樹が亡くなった後、弟子の淵岡山《ふちこうざん》が母の市と相談をして画工に命じて書かせたという肖像画が残っていますが、その肖像画は健康で丸々と太っており、病氣のかけらも見られません。本人がこの肖像画を見たら、だいぶ実物とは違うなと思うのではないか、そう感じる肖像画です。やはり西郷隆盛の上野の銅像と同じく、後世の人たちは立派な像を残したいと思ったのではないかという氣が致します。ちなみに西郷隆盛の上野の銅像は、妻の糸が除幕式の時、「私の主人はあのような人ではない。あのような格好で人様の前には出ない」と言ったと伝えられています。私の藤樹のイメージが原稿を書き終えた時点で変化しているかどうかも、私自身楽しみにして話を進めて参ります。

藤樹は小さい時に両親の元を離れ、祖父の後を継いで武士となるべく、養子として祖父母の所に行きました。十一歳の時に『大学』を読んで、立派な人になりたいという強い希望を持ちました。いわゆる立志です。その立志のもと勉強を始めましたが、一生涯を通じて子供の頃教わった天梁和尚《てんりようおしよう》以外師匠と呼ぶべき人に出会えず、文字の読み方や書とか漢詩の手ほどきを受けた後は、常に独学で進んでいきました。また、『論語』の講義も禅僧から受けていますが、基本的な勉強の仕方を身に付けたのは『大学大全』という書物に出会った時からであろうと思います。

十五歳で元服をしましたが、祖父がその後すぐ亡くなったため、十五歳で百石取りの武士として大洲藩に仕えました。十九歳の時、郡奉行を命じられています。武士としての役目を果たしている時は日常の政務を普通に行ない、自宅に帰ってから必死になって本と取り組む。その取り組み方が大変なもので、日中は仕事をし、自宅に戻ってから真夜中まで勉強をしています。一睡もしないで仕事に出かけたということも限りなくあったのではないかと思われます。また、凄まじい努力をして本を読んだということは、初めだけではありません。一生涯を通じて読み続けたわけです。興味のある新しい本が出版されるたびに、それを買い取り読み耽ったようです。中江藤樹は人が到底及ばないような努力を生涯し続けた人であるという印象を持ちます。

教育に関しても、大野了佐という人物に対する教育が、常人と比べて桁違いであると感じます。大野了佐は何度教えても一向に覚えない、いわゆる愚物であると自他共に認める人物でした。一種の知的障害者だったと思いますが、底抜けに明るく人懐っこい、前向きで純粋な人物であると思います。親も通常の武士の業務は到底無理だと諦め、農工商の何れかに就けるしかなかろうと思っていたようですが、本人はそれを潔しとせず、医者を目指しました。しかしながら自分一人ではどうにもできず、藤樹先生に教わるしかないと、ひたすら藤樹先生を頼り慕っていました。そこで中江藤樹は大野了佐のために手に入るありとあらゆる医学書を買い求め、それらすべてを読破し、大野了佐向けの医学書を書き上げ、それをもとに徹底して本人に分かるように教育しました。これは大野了佐ただ一人のためにエネルギーを使ったわけですが、本人の述懐でも、「私のエネルギーは大野了佐の教育によって枯渇した」と語っています。

したがって、四十一年間の生涯でその読書量と読書・研究の仕方は常人では想像できないほどのエネルギーを注ぎ込み、尚且つ弟子を教える時の態度も、自分の命を縮めることをものともせずという教育の仕方であったと感じます。

藤樹の一生は「孝」という文字に貫かれていると感じます。両親の元を離れ祖父母の所に行った後、祖母が亡くなり、祖父が亡くなり、その後しばらくして父親も亡くなり、氣がつけば母親一人しか目上の肉親が残っていない。妹の葉がいますが、藤樹からすると、残された母親に孝行をせねばならぬという、今でいう強迫観念にあたるようなものが強くあり、自分の住んでいる大洲に連れ帰って孝行したいと願い、母親を説得に行きます。母親は長年住み慣れている近江から出ることは断ると強く言うので、それなら脱藩してでも母親の元に戻り、孝行したいという決意を固める事になりました。人物像で見れば、母親に対する態度は「孝」を一生涯貫いたと言えるでしょう。

二十七歳で脱藩し田舎に帰りましたが、世間の眼から見ると一風変わった人で、武士の魂である刀を売り、売ったお金で酒の小売りや米を農民に貸して薄利を得るという生活を始めます。変わった人が帰って来たものだ……という故郷での受け入れ方になったのでしょう。

三十歳の時に十七歳の久という娘を妻に迎えました。久は十年間必死に働いて、働き抜いて、子供を五人産みました。最初の三人の子は生まれて一ヶ月足らずで亡くなり、後の二人は、成人しましたが長生きは出来ませんでした。久は最後の子供、次男の仲樹を産んだ後、亡くなり

明徳出版社『論語』関係書の御案内

表示価格は税込（本体価格＋税10％）です。

論語講義
渋沢　栄一
一三二〇〇円

渋沢栄一は、近代日本の発展に尽くした巨人である。彼は「論語」に基づき、西郷・大久保等、維新の英傑や、歴史上の人物を活写し、時代の諸相を論断している。百年後でも傾聴に値する渋沢論語の決定版。巻末に孔子年譜、人名索引を付す。

ISBN978-4-89619-324-4　A五判並製函入六六五頁

論語 二十四講
土田健次郎
一七六〇円

日本人にとっての永遠の古典『論語』。その中核をなす主要なテーマをとりあげ、項目ごとに丁寧に解説。論語にはじめて触れる読者にもわかりやすく、親しんでいる者にも新たな理解と感銘を与える書。

ISBN978-4-89619-307-7　A五判並製一六八頁

江戸期『論語』訓蒙書の基礎的研究
青木　洋司
西岡　和彦
石本　道明
一一〇〇〇円

科挙の制度がないわが国では、知識人以外に一般読者層向けの『論語』注釈書が数多く出版された。（中略）そうした書を本書では訓蒙書として扱った。（本書「はじめに」より）

ISBN978-4-89619-308-4　B五判上製四二〇頁

論語注疏訓読
野間　文史
一一〇〇〇円

「論語」は宋代に経書となり、「十三経注疏」中の「論語正義」には諸家の注を集めた何晏の集解（古注）と邢昺の注（疏）が採用された。本書は古注の理解に必読の「論語正義」をはじめて全訓読訳した画期的書。

ISBN978-4-89619-312-1　B五判上製五六二頁

論語　上・下　中国古典新書
宇野　哲人
各二七五〇円

論語は孔子と弟子たちの言行録で、世界不滅の古典である。本書は、今は亡き漢文学界の第一人者による晩年の全講義録で、平易卓抜な講義は、読者を魅了して止まない。

B六判並製二九八頁／B六判並製二八八頁
ISBN978-4-89619-201-8／ISBN978-4-89619-202-5

朝の論語
安岡　正篤
二四二〇円

著者が往年、ニッポン放送の朝の番組で連続講話した論語十九講。著者の得意な東西の思想哲学を引用しながら、現代生活に生きる孔子の道を描いて、聴衆を魅了した名講話。

ISBN978-4-89619-043-4　B六判上製二三六頁

孔子全書　一〜十巻
吹野　安
石本　道明
各二七五〇円〜三〇八〇円

論語集注を底本としてこれを全訳注し、注欄には、何晏の集解、皇侃の義疏、邢昺の注疏の古注の他、朱子語類からの関係文も豊富に採録し、論語の深い理解に資す。

各B五判並製

…〇九〇円

…れたのは朱熹の『論語集注』で…文につき、この書に基づいて書き下し文、…を施し、他の儒者の解釈は別解とし、論語解釈の多様性を明示した。

ISBN978-4-89619-941-3　A五判並製四三二頁

素読論語

深澤賢治

一三二〇円

論語の素読の会を主催する編者が、「斯文会訓点論語」に従い、その全章を書き下し、総ふりがなを付した訓読文による論語テキストの決定版。子供からおとなまで使い易く、読み易い素読用教材。

ISBN978-4-89619-189-9　A五判ビニール装一八〇頁

セカンドライフの『論語』講座12講

近藤正則

二五三〇円

著者の七年間に及ぶ教養講座「『論語』に学ぶ」での講演をまとめた十二講。仁・義から食に至る様々なテーマで、論語の世界を日常に活かせるよう楽しく解説。新たな人生を発見するための書。

ISBN978-4-89619-783-9　四六判並製二七八頁

論語のことば

村山吉廣

一四三〇円

長い年月、人々に読みつがれた世界の古典「論語」。汲めども尽きぬその魅力と偉大な思想の本質を、日常の話題もとり入れながら紹介する四十話。論語の世界に旅する人々に絶好のガイドブック。

ISBN978-4-89619-753-2　B六判並製一七三頁

論語の教科書

須藤明実

八八〇円

『論語』には、人が生きていく為の大切な言葉が、大きな愛に包まれ、輝いている。その三十一章を子供から大人まで誰にも親しめるよう解説した素読用テキスト。附録に七十章を精選して収録。

ISBN978-4-89619-720-4　B五判並製八二頁

陽明学のすすめⅤ 人間学講話 渋澤栄一

深澤賢治

二〇九〇円

ヨーロッパの資本主義をいち早く学びこれを導入した、近代資本主義の父渋澤栄一。その主著『論語講義』からの引用文を解説しながら、彼の人物を概観し、ものの見方、人物評論、実業の実態を描く。

ISBN978-4-89619-753-2　四六判上製二二六頁

中国の哲学

阿部吉雄

一六五〇円

古代人の宗教倫理観に始まり、儒家・諸子百家・漢唐・宋明・清、更に新しくは近代中国に至る中国思想の流れを概説した好評の一般教養書。また大学・高専の教材としても広く採用されている。

ISBN978-4-89619-310-7　A五判並製一九六頁

論語五十選

土田健次郎

六八二円

『論語』の中から重要で分かり易い言葉を厳選して収録し、素読用のテキストにしました。素読とは、古典を繰り返し音読して憶えさせ、人生の中で折に触れて思い出させることにより、言葉の意味を体得させ、人生の指針とする方法です。

ISBN978-4-89619-971-0　B五判並製六三頁

ました。産後の肥立ちが悪かったということもあるでしょうが、藤樹は夜遅くまで弟子たちの教育や著述に専念していたので、久は藤樹が寝る前に寝ることはなく、藤樹が起きる前に起きるという生活で、当然睡眠は足りないでしょうし、弟子たちへの氣遣いも大変なものだったでしょう。また藤樹が薄利の商売しかしませんから、弟子たちから受け取る幾らかで家計のやり繰りもしていたのでしょう。これらの心痛が重なって、十年であの世に旅立っていったのだろうと感じます。藤樹は自分の妻にどれほどの負担をかけているか氣にしているという記録は、あまり残っていません。

藤樹三十九歳の時に久が亡くなり、残された二人の子供の面倒をみなければならないわけですが、本人は学問に熱中しているのでなかなか難しい。そこで翌年、四十歳で再婚しています。後妻の布里は翌年、藤樹四十一歳の時に三男にあたる子供を産みました。その三男の弥三郎が藤樹の学問を受け継いで常省先生と言われる学者に育ちました。その後、常省先生の系統がずっと続いていったということは大変良いことだったと思います。

人物の点で見ると、この二人の妻との間柄は何かしら希薄なものを感じます。学問・教育に熱中するあまりという感じがします。色々なエピソードはあるのだろうと思いますが、記録が少ないために何かしら希薄という印象を持ったのかもしれません。

久の場合は、体調が悪くなって実家へ戻り二ヶ月ほどで亡くなりました。藤樹は連絡をもらってすぐに駆け付けましたが、臨終には間に合わなかったと記録に残っています。何か大きな節目の時には、そちらに向けて懸命に動いたのだと感じますので、日頃から妻との人間関係を濃くするようなエピソードが残らなかっただけなのかもしれません。ただ久に関しては、妻のために平仮名で『孝経』を書き、妻は門弟と一緒に孝経を誦したという記録もあるので、久に対して藤樹はそれなりに氣を配っていたのだと思います。

また布里に対しては、藤樹が亡くなる時、「妻の布里は甚だ気の毒である。まだ若いので良い縁があれば嫁に行かせてもらいたい」という遺言を残していますので、やはり氣配りはしていたのだなと思います。

生　涯

中江藤樹は一六〇八年（慶長十三年）三月七日、近江の小川村で生まれました。わずか四十一年の生涯でした。繰り返しになりますが、後年、近江聖人と言われ日本陽明学の祖と言われました。その生涯は仁徳の行いをもって周囲を感化し、生涯「徳」を実践し続けた人として世に知られています。

生涯を年齢順で追ってみます。

中江藤樹は近江国高島郡小川村（今の滋賀県高島郡安曇川町上小川）で生まれました。父は吉次という百姓で、母は市と言います。市はかなり氣位の高い女性で、頑固でもあり、藤樹を育てる時は厳しく育て、躾もしっかりしていたと思われます。市の氣持ちになって考えると、小川村の中で中江家は豪農と呼ばれるような田畑を持っていましたし、祖父吉長は百五十石取りの武士でした。また、吉次の弟治之は京都に出て医者となり、久世家に仕え、その娘の布佐も堂上家で祐筆として勤めていたということなので、市は、自分の家はそこらへんの農民とはわけが違うのだ、という思いがかなり強烈にあったのではないかと感じます。

ちなみに一六〇二年（慶長七年）の検地帳が残っており、その中には吉次の名がなく、吉次の弟吉久の名前が載っています。その田畑は一町二反五畝余りと書かれているそうです。これは、宮川満氏の論文「藤樹先生の学問思想の歴史的背景」（『日本の思想家4　中江藤樹・熊澤蕃山』木村光徳・牛尾春夫著　明徳出版社）に書かれています。

その時点での年齢は、祖父吉長が五十五歳、吉次は二十九歳です。吉次が帰農したのは翌年の慶長八年なので、何をして吉次が生計を立てていたのかが判然としないということです。いずれにしても市は息子をどのように育てるか、相当頭を悩ませたことと思います。

藤樹の小さい頃のことはあまり記録がないのではっきりしませんが、生涯については、『藤樹先生全集 五（別冊）』岡田季誠編「藤樹先生年譜」に従い追っていきます。

岡田氏の年譜には、「先生、僻壌に生長すといえども、野鄙の習染むことなし。たまたま隣家の児童と馴あそぶといえども、毎に静にして、かれに相移ることなし」という記述があります。藤樹は小さい頃から人と交わるのが上手ではなかった。自分一人で考え、一人で行動する子供であったと考えられます。九歳の時に祖父の吉長が養子として米子へ連れて行きました。十歳になった時、国替えのため祖父と共に大洲へ行きますが、祖父が風早郡の郡奉行に任命されたため、一緒に風早郡に行くこととなります。

中江藤樹の天稟と言いますか、読み書きを覚えてすぐに『大学』という書物を祖父から買い与えられ、それを読んで書かれている一節から、立派な人になりたいという強い希望が湧きおこって来ました。これが藤樹の一生を貫く命題になりました。十四歳の時、大橋家老の来訪の際、子供心に持っていた、身分の高い人はその挙措動作考え方が上に立つ人間として素晴らしいものであろうという期待が打ち砕かれたとあります。

十五歳で元服をしますが、そのすぐ後に祖父吉長が七十五歳で亡くなりました。その前の年に祖母甫東が六十三歳で亡くなっています。十五歳で祖父の百五十石を受け継いだわけですが、養子は地領を減ずるという大洲藩の規則によって百石になりました。百石取りの武士として十五歳から仕え始めますが、もうこの頃は自分で様々な本を読み自習自得するという生活態度だったようです。藤樹にとって先生と呼ぶ人は、前述したように天梁和尚という臨済宗の禅僧がおりました。この天梁和尚によって学問の手ほどきを受けたと言っても良いのでしょう。

十七歳の時、京都から来た禅僧に『論語』の講義を受けますが、『論語』二十篇のうち半分の上篇しか講義をしないで帰ってしまったので、禅僧が帰った後、藤樹は『四書大全』を買い求め、独学を始めました。この独学の仕方が、命を削るような凄まじい猛勉強です。年譜によれば、昼間は人の風評を氣にして通常の業務をごく当たり前にこなし、夜になると真夜中まで二十枚を読むという暮らしを続けたようです。この猛勉強については、次の年譜を御覧下さい。

寛永元年。先生十七歳。

夏醫師の招きによつて京都より禪師來りて論語を講ず。此時大洲の風俗武を専らにし文學を以て弱なりとす。故に士人これを聞くものなし。唯先生獨り往きてこれを聞く。蓋し先生幼にして組父母に離れ家を繼ぎ君に事ふ。是故に身を脩め家を齊へんと欲すれども其道をしらず。嘗て大學の句讀を習ふに、正心、修身、齊家等の語あるによって儒學に身を脩め家を齊ふる道あることを知る。然れども教ふるものなうして默止す。今禪師來りて講ずるを幸として、潛かに往て是を聞く。論語の上篇を講じ終りて禪師京に歸る。先生又師とすべき者なきことを愁へて、四書大全を求む。然れども人の誹謗を憚りて晝は終日諸士と應接し、毎夜深更に及んで業として二十枚を見終りて寢ぬ。其通ぜざる所あれば思ひて忘れず。夢寐の間、人ありて示すがごとくにして曉得すること多し。先づ大學大全を読むことほとんど百遍に及んで始めて曉得す。大學通じて後、語孟を読むに皆通ず。

（「藤樹先生年譜」）

（注）「藤樹先生年譜」と書いてある場合は岡田氏本とし、他の年譜は都度記載します。

二十歳になった時、藤樹は人を教えるようになりました。年上の中川貞良が数名の仲間を連れて弟子にしてくれとやって来たのです。これは藤樹にとり教育家として大きな転機となりました。

二十二歳の時、荒木事件が起きました。荒木事件は中江藤樹が人と付き合う上で若い頃は相当とげとげしい性格であったということを物語っています。詳しくは一九六頁の「若い頃の反省」を御覧下さい。

二十五歳の時に、一生の病となり命を奪った喘息になりました。これは、故郷で一人暮らしとなった母親の所に行き、大洲で一緒に暮らそうと誘いましたが、故郷を離れることは出来ないと断られたことで精神的に悩み、それが結果として喘息の引き金を引いたようです。

二十七歳の時に辞職願を提出しましたが、承認されないまま時間が長くかかったため、我慢できずに脱藩をします。この時母親は四十八歳でしたので、まだ頑張ることが出来る年代でした。藤樹は母親の所へ孝行をしに戻ったというよりは、武士の生活にほとほと疲れ果て、氣持ちばかり焦り、周りの人たちとの付き合いも氣を病むばかりで、今で言う鬱になったのではなかろうかと想像されます。ただ、脱藩する時には相当あちらこちらに氣を配っていると感じます。脱藩する際、自宅に「天に誓う詞」を書き残し、京都の友人の家で百日あまり居候をし、追手が来ない事を確認してから小川村に帰っています。脱藩して真っすぐ故郷に帰り、母親の前で追手に捕縛される様を見せたくないという氣持ちだったようです。「飛ぶ鳥あとを濁さず」というように俸給米はすべて手をつけず残し、後を慕って付いてきた従者には、残っているお金の大半を与えたりしています。脱藩した後は、生計を得るために酒の小売と米を貸して僅かな利息を取ることを始めました。

二十八歳の時には小川村に定着をして、それなりの塾を開き、弟子も少しずつ増え、安定した暮らしが始まっていたようです。少し落ち着いたところで易学の本を買い、独学で勉強を始めています。二十九歳には再度京都に出かけ、池田・嶋川という人物に会って、易に関する話をしたとのことですが、これ以降は京都に行くことはなかったようです。

三十歳で、十七歳の久という娘と結婚しました。久は相当知性が高く、姑によく仕え藤樹にもよく仕え、五人の子供を産みました。ただ、最初の三人の子は産まれてひと月も経たずに皆亡くなりました。久は五人目の次男を産んですぐ、産後の肥立ちが悪かったのでしょう。嫁いで十年間頑張り続けて亡くなりました。藤樹の生涯の中で大変忙しい、寝る間も惜しむほどの勉学、教育を支え切った良妻であったと思います。良妻であり過ぎたために、久は命も削ったのではないかと感じます。

三十一歳の時、大野了佐という愚昧な、今で言えば知的障害者のような弟子に医学を教えています。これが、自分の精魂をすべて使い果たしたとも言える教え方でした。朝十時から夕方四時までかかりきりで必死になって教えても、午前中に教えたものを午後には忘れるという具合で、何度も何度も教え続けることにより何とか医者として独立することが出来たということですが、大野了佐のためにどれほどの資料を読み、どれほどの時間をかけてテキストを作ったか、これによって命をかなり縮めただろうと感じます。藤樹が書いたこのテキストは「捷径医筌」という医学書です。

藤樹は了佐のために専門の医学書を広く買い求め読みこなしていますが、その内容は桁外れです。「捷径医筌」については、『藤樹先生全集』の一冊がほとんどそれで埋まっています。私が主宰しております中斎塾フォーラムの会員である清水昭医師にお願いして、「捷径医筌」について廖温仁博士が書かれた「解題」と『藤樹先生全集』を見て戴きました。その内容については、一一一頁「著書」のところで詳しく書かせて戴きます。

三十二歳は「藤樹規」と「学舎座右戒」を作り、藤樹塾のルールを明確にさせました。

三十三歳の時には、『孝経』をよく味わって読み、妻の久のためにかな書きの孝経を書き、毎朝拝誦していたということです。結構、妻思いのところがあるなと感じます。また、この年、「翁問答」を書きました。「翁問答」は、書き終えた後なかなか氣に入らず、外には発表しないまま亡くなりましたので、没後、世に出ています。

三十四歳の時には伊勢神宮へ参詣しています。特記すべきは、この年、熊澤蕃山が入門をしています。

三十五歳では中村叔貫が入門しました。初学者はもっぱら『孝経』の講義です。藤樹は学問を教える際、『孝経』『大学』『中庸』『論語』の順序で勉強していくようにと教えています。

三十六歳になると、医術の名も上がったのでしょう。山田・森村という二人の人物が医術を教えて欲しいということで入門しました。結果、二冊の医学書を編纂しています。

三十七歳で『王陽明全集』を手に入れています。これにより、天にも昇らんほどの心の高揚を覚え、大なる幸せであるという手紙も書いています。

四十歳の時、藤樹は「翁問答」を書いたのですが、書き直すため出版は保留にしていました。ところが、著者に内緒で出版してしまった出版社に「翁問答」出版停止の代わりを要請され、以前から書いていた「鑑草」の原稿を渡し、それを出版することになりました。「鑑草」は日本で初めて出された女性のための教育書ですが、今見ると、事例としてあげているものが信じられないような、いわゆる怪奇話も沢山事例として入っています。

三十九歳になった時点で、妻の久が亡くなりました。前述しましたが、久の産んだ三人の子は早死にし、その後二人の男子を産みましたが、次男を産んで四ヶ月くらいで久は亡くなりました。藤樹は体調がおもわしくないが子供を育てねばならない、著述もしたい、人に講話もせねばならない、色々な人が質問をしてくるので手紙を書いて教えねばならない……と、相当中身の濃い大変な日々を送っていたのだろうと思います。

四十歳は、一年の喪が明けるのを待ち、布里を後妻に迎えています。

四十一歳で藤樹は亡くなりました。亡くなる時、布里は若いのでなるべく良縁を見つけて再婚をさせてもらいたい。残された母親と子供達の面倒をお願いしたい。藤樹書院の保全管理もよろしくお願いしたい。という内容のことを遺言で残しています。やはり人間だなと感じた次第です。

布里は藤樹にとって三男となる男子を産んでいます。その子は藤樹の跡を継ぎ、常省先生と言われる学者になっています。

家族

両親

藤樹の父親は一五七四年（天正二年）の生まれで、通称は徳右衛門吉次と言いました。とても穏やかで声を荒げることもなく、淡々と農業に従事しているタイプの人のようです。資料を見ると、父親の吉長は米子城主加藤貞泰に百五十石で仕えている武士であり、推測ですが吉次も父に随って武士になるべく、戦に出ていたのではなかろうかと思います。ただ途中で、理由は分かりませんが武士をやめて故郷に帰り農民として暮らした人で、おとなしく妻の言うことに口答えすることもなく、一生を通じて穏やかなまま日々を過ごしていったのではないかと感じます。

父の吉長が武士になる時、地元小川村の感覚では豪農に入るような田畑を子供に相続させていますので、吉次が武士をやめて故郷に帰った時、弟が相続した部分を半分とは言わないまでも三分の一欲しいと交渉すれば、ある程度の田畑は手元に入ったのではなかろうかと思いますが、そういう記録もなく、貧農の地位に甘んじて一生を送ったという印象があります。

母の市は小川村の北川惣左衛門という人の娘で、八十八歳まで長生きをしました。母親は氣が強く、氣位も高く、自分の理想と現実とのギャップに大変癇が立ったのではないかと感じます。藤樹と妹の葉を育てる時は躾を相当意識して、お爺さんが武士なのだから子供達もきちんと躾けなければならないと思い、子供たちを育てていたのだろうと思います。

藤樹が亡くなってかなり経った後、色々な逸話が残されました。藤樹が祖父の養子になり米子に住んでいる頃、母親から来た手紙に、あかぎれに苦しんでいるという一文を見て、薬を探し求め、母親の所に歩き通しで帰ったことがありました。帰って来た我が子を見て市は、「立派な武士になると言って家を出たのだから、こんな事くらいで家に帰ってはいけません」と心を鬼にして藤樹を送り帰したという物語が創作されたくらいです。

という話からも想像できるように、市は大変氣が強い、息子を一人前の武士にするために出来得る限りのことをしていたと感じます。息子が成長するにつれて色々なことを手紙に書いてよこすのを市はたいそう自慢に思うようになり、近隣の人たちにも手紙を見せて、うちの子はちょっと違うのだよと自慢をしています。また、藤樹が結婚した時には、嫁の久がいわゆる醜女で、市はたいそう氣に入らなかったようです。藤樹に離縁するよう何度も迫っています。更に後半、藤樹が親孝行をしたいので自分の住んでいる所に来てもらいたいと言いに行った時も、ピシャっと断っています。

藤樹は二十七歳までの間、居心地が悪くて周りと折り合いがつかず、最終的には死を覚悟して脱藩し親元に帰るわけですが、市は飛び上がるほど嬉しく思い、温かく迎えたということです。そして藤樹は母親の元で穏やかに落ち着いて刺々しい性格がだんだん穏やかになっていきましたが、それには市の力があってのことだろうと思います。従って両親の藤樹に対する影響は、父よりも母が強すぎるほど強かったという印象が残ります。

祖父母

中江家を武士と見た場合は、初代が吉長になります。一五四八年に生まれ一六二二年に七十五歳で亡くなっています。農民といっても単純な農民ではありません。槍の使い手として戦場でかなり活躍をしたのであろうと伝えられていますので、相当、武には自信があったのであろうと思います。槍一筋で立身出世するという時代の真っただ中の人で、命をかけて百五十石もの武士の地位を築いたため、後継者がどうしても必要であると考えたのでしょう。ところが後継者として考えた吉次は、推測ですが武士を嫌って農民に戻ってしまいました。周りを見渡して自分の後継者にすることが出来るのは、孫の与右衛門しかなかろうと思い決めたわけです。

吉長は武の方は達者でしたが、自分に学問がないので残念に思うことも多々あったのでしょう。天下が平定され安定した後は、江戸幕府の意向に従って全国の武士は文の力を身に付けなければ生きていけないような状況になったので、何としても孫を自分の後継者として息子の吉次からもらい受けねばならないと決断したわけです。

祖父が藤樹に対して行なった事は、読み書きや学問に熱中できる環境を作り、武士としての礼儀作法や言葉遣いに至るまで色々なものを教え込んだことです。そして藤樹の読み書きが進めば進むほど褒めたたえ、吉長の手紙の代筆をさせたり、吉長の公の仕事の代理もさせるようになったため、藤樹はどんどん学問の道に入ることとなりました。吉長は藤樹を自分の後継者とすべく努力をして、必死になって環境を作り、道を切り開いていったわけです。

吉長は藤樹が十五歳で元服をした後、亡くなっています。戦国時代から安定期に入るところで活躍をした人間としては、自分の後継者も出来、元服もして、一安心した所で亡くなっていますので、とても良い人生だったのではないかという氣が致します。

祖母は小島家から嫁に来た人で、一五五九年に生まれ、一六二一年藤樹が十四歳の時に亡くなっています。名前は甫東です。祖母についてはあまり記録がありませんが、六十代になっている老夫婦の生活の中に孫が来てくれたので、とても嬉しかったのだろうと思います。穏やかな良いお婆さんというイメージがあります。

大洲藩は六万石でしたが、そのうち一万七千石あまりは飛び地で、風早郡という所にありました。風早郡は一万七千石あまりの領地なので、その治政は相当重要でした。その重要な地域の郡奉行として吉長が任命され、赴任をしました。任期は三年でしたが、その中で吉長の武勇伝があります。

風早郡は温暖で大変良い場所ではありますが、天候次第で農業は良くもなり悪くもなるわけです。或る年、雨が降り続いて秋の収穫時期に稲穂が腐り出してしまいました。どうにもならなくなって百姓たちは飢え死にをしそうになります。こういう場合、百姓がとる方法として他国へ逃げ出す逃散があります。しかし、これは厳しく禁じられており、郡奉行としての吉長は禁止する命令を出しました。

その中に須卜という牢人がいました。元の来島水軍に属し風早郡の地侍であったと言います。この須卜が逃散をしようとしたので、吉長は自ら出かけて、止めようとしたわけです。須卜が刀を抜いて吉長に斬りつけたので乱闘になり、吉長は槍で須卜を刺し殺してしまいます。その時、手向かってきた須卜の妻まで、弾みで斬り殺してしまいました。

両親を殺された須卜の息子たちは、吉長に報復をしようとして代官所に焼き討ちを仕掛けます。吉長はわざと代官所の門を開けて息子たちを中に入れ、鉄砲で一網打尽に討ち取ろうと計画をしました。実際に須卜の息子たちが攻め込んで来た時、吉長の家来が慌てて鉄砲を撃ってしまったため、攻め込んできた賊は逃げ出してしまいました。

この武勇伝は、吉長は戦場で活躍をした時の勢いがそのまま表れていると感じます。その時、藤樹は十三歳でしたが、吉長は藤樹に帯刀させ、毎晩代官所の周囲の見回りをさせました。藤樹は、また賊が襲ってきたら返り討ちにせねばと少しも襲撃を恐れる風がなかったので、吉長の武勇伝と共に、藤樹は年少のわりに肝が据わっていると後世に残ったわけです。その状況は『藤樹先生年譜』に詳しく書いてあります。

妻と子

藤樹の奥さんは二人います。最初の奥さんは久、十七歳です。伊勢亀山藩主本多公の家臣高橋小平太の娘です。十年間藤樹と共に暮らし、相当な無理を重ねた結果、子供を五人産んで亡くなっています。最初の三人は生まれてひと月足らずで亡くなり、その後二人の男子を産みました。久は伊勢亀山の親元へ帰っていた時に亡くなりましたが、その時、長男虎之助は三歳二ヶ月、次男鍇之助は三ヶ月余りでした。久は苦労のし続けで亡くなったような印象です。

長男の虎之助は太右衛門と言います。父親の藤樹が亡くなった後に、熊澤蕃山の縁で備前国岡山藩主池田光政公に仕えました。三百俵二十人扶持を頂戴することになり、城下の花畠に家を作って住んだということです。なおその花畠の家では、中川謙叔等に藩士の子弟を教えさせたという記録が残っています。虎之助は、後に宜伯と名乗り、道学を好んで、やはり学問の道に励んでいたようですが、独身のまま二十三歳で亡くなっています。次男の鍇之助仲樹は父親の藤樹が亡くなった時に五歳でした。兄の虎之助と共に池田公に迎えられ、百五十石を頂戴しましたが、病氣になり京都に出て治療をしました。二十歳の時、京都で亡くなっています。

久は藤樹を世に出すべく努力を重ねて、一生懸命仕えて亡くなったわけですが、どのような心境であったのかが大変氣になります。藤樹は氣を許した弟子であり友である晦養軒に手紙を出しています。晦養軒は相当親しい間柄だったようで、二〇二頁の「手紙」のところで御紹介しますが、ここでは久の亡くなったことに関する部分のみを、「與《フ》二晦養軒《ニ》一」より紹介致します。

扨て愚婦仕合預二御悔一不レ浅奉レ存候。勢州ニ戻申候内大切之煩之様ニ申來候故取急罷歸候へ共二日相後し候て残念御察可レ被レ下候。其上児女共も餘多候て悲情難儀仕候。

（『藤樹先生全集　二』）

「さて、愚婦は仕合せにもお悔みに預かり、浅からず存じています。伊勢に戻ってお産の後、危篤の報せを伝えてきましたので、取り急ぎ伊勢に参りましたが、死後二日おくれで残念のほどをお察し下さい。その上、幼な子も多くいまして悲情難儀しています。」

（古川治『中江藤樹』）

二番目の奥さんは布里と言います。藤樹は近江大溝藩主分部伊賀の守嘉治の心配りで大溝藩士の別所弥次兵衛友武の娘を妻に迎えています。藤樹にとって三男になる弥三郎が誕生したのが七月四日で、翌月八月二十五日に藤樹が亡くなりました。藤樹の遺言により、門人たちが相談して、弥三郎は岡田伝右衛門という藤樹の門人に養育されることとなります。前述した池田光政公は赤ん坊の弥三郎に年一人扶持を送られたという記録があります。弥三郎はその後、藤樹の後を継いで学者の道に進み常省先生と言われる人生を歩みました。

藤樹の死後、布里は再婚しました。これは藤樹の遺言でそういう経緯をたどったようです。女性の視点で考えれば、自分がお腹を痛めた子は学問が良くできて学者としての道を進み、嫁ぎ先で産んだ子は、学者になった前家の子に学問を教えてもらうという関係になっています。ですから良い人生であったのではないかと感じます。

立志

今まで『陽明学のすすめ』をシリーズで書いて参りました。だいたい底本がありました。今回の中江藤樹についての底本は、『藤樹先生全集』全五巻です。生涯を簡略化して書いてある年譜は、岡田氏本と川田氏本、そして会津本がありました。別に、「藤樹先生行状」「藤樹先生事状」「藤樹先生別伝」等々が収録されています。

これらのうち生涯を追う上で基本の年譜は岡田氏本で追っていますが、今回の立志については、岡田氏本に入っておりませんので、川田氏本と「藤樹先生行状」を参考にすることと致しました。ただ、それぞれが今の時代では大変読みづらいので、内村鑑三が書いた英文の『代表的日本人』の中江藤樹の立志について書かれたものが分かりやすいと感じましたので後ほど紹介致します。これは、鈴木範久訳本によります。

藤樹は十一歳の時、祖父が購入した『大学』を一所懸命読み続けました。本格的な学問に関する書物ですが、中身について理解することは大変困難なことでしたが、何度も何度も読み返しているうちに、「至自天子以於庶人　壹是皆以脩身爲本」という一文に目が留まりました。十一歳の子供にしてこの文章に目が留まったということ自体が大変なものです。武士は誰でもなれるわけではないが、立派な人には真剣に学べば誰もがなれる。学び方次第で立派な人間になることが出来るのか、とはっと閃いたわけです。生涯かけて一生懸命勉強をすることによって、立派な人、即ち聖人になることが出来る。そう思った時に、生涯かけて聖人になりたい、聖人を目指したいと思い決めたわけです。聖人になることが出来れば、武士として士農工商の一番上に立つことが出来る。こう考えて、一層真剣に、日々の努力をしていく目標が腹に落ちたと言えます。こういう考えが生まれてから、物事を深く考え込むという性格が更に固まっていったのだろうという感じが致します。

元和四年
始讀大學。至自天子以於庶人。壹是皆以脩身爲本。嘆曰。幸哉此經(舊)之存。聖人豈不可學而至焉乎　因泣下沾衣。
(「川田氏本　藤樹先生年譜」『藤樹先生全集　五』)
〔始めて大学を読む。天子よりもって庶民に至るまで、壱是《もっぱら》に皆身を修むるをもって本となす。嘆じて曰く、幸なるかなこの経の存する。聖人あに学んで至るべからざらんや。よって泣き下って衣を沾《うるお》す。〕
(木村光德『中江藤樹・熊澤蕃山』)

内村鑑三が明治時代に英文で書いた中江藤樹の紹介書籍があります。明治時代に日本の文化を西洋に紹介すべく英文で書かれ、出版された本が『代表的日本人』です。一八九四年(明治二十七年)、日清戦争の始まった年に書かれたものですが、当初は『日本及び日本人』として書かれています。それが、明治四十一年にドイツ語で翻訳された表紙は、内村鑑三著『代表的日本人』となっています。その中には、西郷隆盛・上杉鷹山・二宮尊徳・中江藤樹・日蓮が書かれています。この本はキリスト教の立場で、日本にも西洋の偉人たちに勝るとも劣らぬ偉人が多数いるということで書かれています。

内村鑑三は黒岩涙香が創刊した「萬朝報」で戦争廃止論を発表している知識人であり、宗教人であり、教師でした。内村鑑三は中江藤樹を西洋に紹介する時に、「村の先生」というサブタイトルをつけていたことから、中江藤樹を教育者の立場で注目していたことが分かります。内村鑑三には後年、一生涯中江藤樹を尊敬し続けたと書かれた文章が残っています。

内村の没後に出された『聖書之研究』の最終号（三五七号、一九三〇年四月二五日）の「孤立の恐怖」には、次のような文章がみられる。

　名は基督信者ではなかつたが、我が中江藤樹は最善の伝道者でなかつた乎。彼は今より三百年前、西近江の僻陬の地に在り今で云へば小学教師を為しながら、全日本を感化したではない乎。彼は熊澤蕃山を、而して蕃山の主人なる新太郎少将を琵琶湖西岸の小川村なる彼の茅屋まで牽付けたではない乎。そして是等二人の弟子を以つて全日本を指導したではない乎。支那の聖人さへ曰うた「徳孤ならず必ず隣あり」と。内村の中江藤樹に対する尊敬の念は、文字通り一生続いたことが、これでわかる。東京の郊外角筈の茅屋での感化が、やがて全日本に及ぶことを願った内村の夢は、その死後十数年をへて実現をみる。

（鈴木範久『「代表的日本人」を読む』）

内村鑑三から見ると、道徳並びに学問を教え、且つ私塾を主宰し、清貧の生涯を送った中江藤樹を自分自身のキリスト教の伝道に結び付け、一つのモデルを見ていたのだと感じます。

関ヶ原の戦いからわずか八年後、大坂城落城の七年前のことです。男たちの主たる仕事はまだ戦いにあり、女たちの嘆きと悲しみに明け暮れる日々がつづいていました。学問や思想を求めるなどは、世の実際家にとり、なんの価値もないものと思われていた時代であります。藤樹は、両親の住む近江から遠く離れた四国で、もっぱら祖父母の手により育てられました。

幼いころより、同じ年ごろの子供らのなかでも、また、たいてい武芸を授けられていたサムライの子弟のなかにあっても、藤樹は早くから、鋭敏まれなものをみせていました。

一一歳のときに早くも孔子の『大学』によって、将来の全生涯をきめる大志を立てました。

『大学』には、次のように書かれていました。

天子から庶民にいたるまで、人の第一の目的とすべきは生活を正すことにある。

藤樹はこれを読んで叫びました。

「このような本があるとは。天に感謝する」

「聖人たらんとして成りえないことがあろうか！」

藤樹は泣きました。このときの感動を藤樹は一生忘れませんでした。「聖人たれ」とはなんという大志でありましょうか！

（内村鑑三『代表的日本人』鈴木範久訳）


十一歳の時に『大学』を読んで感動したあまり涙を流したという逸話が残っています。十一歳の頃はまだ、漢文を読みこなし内容が分かる域には達していないと思います。ただ真剣に文字をずっと追いかけて読んでいくことは一所懸命していたのだろうと思います。

学者の方々の本を読むと、「自天子以至於庶人、壱是皆以脩身爲本」（天子より以て庶人に至るまで、壱に是れ皆身を脩むるを以て本と為す）という文章に、十一歳の藤樹は感動して聖人を目指したというくだりが大概書かれています。

「藤樹先生行状」にも、「自《リ》二天子一以《テ》至《ルマデ》二庶人《ニ》一壹是《ニ》皆以《テ》レ修《ルヲ》レ身《ヲ》爲《ス》レ本《ト》ト云ニ至リテ」と『大学』を読んでこの文章のくだりに来たところで、聖人の域には学ぶことによって到達することが出来る……という書き方で残っていますが、私が氣になったのは、「本と為すと云うに至りて」の「至りて」の部分です。岩波文庫の『大学・中庸』（金谷治訳注）を見ますと、この文章は第一章の三節に出ています。したがって、十一歳の藤樹は『大学』を最初の文章から少しずつ読み進み数行でこのくだりに入りますので、ずっと通読をした中で、「以脩身爲本」のところで閃いたのだろうと感じました。十一歳でよくそういう読み方をするものだと思います。ただ、そこで閃いたといってもここで聖人を目指したのではないと感じています。今で言えば、立派な人物になりたい、立派な人になるにはどうすればよいのかがはっと閃いたということだと感じます。したがって、聖人を目指すという言い方は、少し違うのかもしれません。岡田氏本の「藤樹先生年譜」には、「聖学を以て己が任とす」とあり、聖人の学問を自分の一生の使命として追い求めていく、そして自分が十分納得をしたら人さまに指導していく、それが自分の一生涯の使命であるということが書かれています。

したがって十一歳の時に思った「立派な人になりたい」は、聖人の学を究めたいという動機だったのだろうと感じます。今の日本で聖人とはキリストや釈迦や孔子のような見方ですが、その時に考えた聖人とはどういう意味合いで言われたのか、今は判然としていません。ただ日本で聖人と言われた人で現代にも伝わっているのは、「近江聖人」と言われた中江藤樹一人であると感じています。

聖人になりたいと思ったことが、そのまま塾を開いて子弟教育をしていく中で、「藤樹規」や「学舎座右戒」に繋がっています。「学舎座右戒」には、互いに学ぶ者同士は長幼の順序を守り、仲良くし、私欲を貪らないとか、徳業を相努めるとありますが、「徳業」という言葉が繰り返されている所が氣になります。

藤樹の徳業とは、日々過ごす中で藤樹が実践しており、弟子たちがそれを見てこういうものが徳業なのだと実感しながら真似をしていくという流れになっていると感じます。その徳業が、馬子の話や追いはぎの話、泥棒を改心させた話や蕎麦屋に頼まれて書いた看板の話等々の余談に表れてくるのだろうと思います。

そして、教育というものは口で教えていくのではなく師匠が実践していき、その行いを見ることで言わずとも弟子が感化され周りの者も感化されていくのだ、という萌芽が十一歳の時にはっきり指針として定まったのであろうと感じます。

学び方

命を削る猛勉強

京都からお医者さんの招きで禅僧がやって来て『論語』を講釈してくれたのですが、この頃の大洲藩の雰囲氣は槍ひとすじの氣風が明確に残っており、文を大事にする者は柔弱な人間であるという風潮でした。藤樹は『論語』の話を是非聞きたいものだと考えて聴講に出かけましたが、聴講する者の中に武士は一人もいませんでした。聴講者も非常に少なく、禅僧は落胆したと思います。半分だけ講釈をして京都に帰って行きました、

藤樹はがっかりし、もう自分には師匠はいない、独学で学ばざるを得ないと強く思ったのでしょう。『四書大全』を手に入れて読んでいきます。その中の『大学大全』は、「大学章句」が三冊、「大学或問」が二冊、あわせて五冊ありました。ただ、この本は本文だけではなく注が沢山ついており、細かな注釈を一緒に読まなければならないので、大変な分量であると感じます。

この頃の藤樹は、人からあれこれ言われるのが嫌で、昼間は同僚諸子と同じように普段通りの仕事をこなし、一日の仕事を終えて家に帰り、それから勉強を始めるわけです。その勉強の仕方は、とにかく一日二十枚を見なければ寝ないという読み方でした。毎晩、二十枚を読み続けることは大変な事だったと思います。年譜には「毎晩深更に及んで」と真夜中までというとですが、徹夜をすることもごく普通にあったのではないかと推測出来ます。必死になって読むと頭の中に文章が踊っていて、夢の中でも考えていると、どうしても分からないという疑問を誰かが夢の中で教えてくれ、理解をしたということがかなりあったようです。藤樹は『大学大全』を百回読んだということでした。

このように無茶苦茶に猛勉強をして命を削ったのであろうと思います。古代中国語である漢文を誰も教えてくれる人もいない状況で毎晩二十枚ずつ追いかけて読み、大体のところが分かったと納得するまで百回も読み続けたわけです。しかも昼間普通に仕事をして、夜、徹夜も入れて読み続けた。眠らない日がどれだけあったかと思います。

こういう読み方をしたものですから、『大学』が終わった後、『中庸』、『論語』、『孟子』はそう難しいと感じないで素直に読めたということです。

大洲藩

藤樹が仕えた大洲藩の初代藩主は加藤貞泰でした。祖父の吉長が仕えた人は貞泰の父で加藤家の藩祖と言われた光泰です。光泰は大変文武に優れており、大洲藩の藩風はこの藩祖から始まっているのではないかと感じます。光泰について紹介してある文章がありますので、それを紹介します。

光泰は、文禄の役では朝鮮に出陣し、武勇は異国にも知られた。しかし文禄二年（一五九三年）に和が成立して全軍が帰国の途に就こうとしたとき、それまで不和であった石田三成が和解のために開いた酒宴の後、急に発病吐血。同年八月二十九日早暁、この世を去った。享年五十七。

光泰は、道に志ある武将であった。平日は論孟（「論語」「孟子」の二書）を読む篤学の将であった。その遺品となった片鎌槍と論孟二書は、特に大切に持ち帰られ、子々孫々に伝わる秘蔵となった。

（『北藤録』）

※片鎌槍…穂先の片側だけに鎌の付いた槍のこと。初代藩主・加藤貞泰の父・光泰は勇猛の将

として広く知られ、朝鮮出兵で大活躍し、愛用の片鎌槍には「倒韓槍」の名前が付けられた。槍は相州住広次の作で、加藤家の宝物として秘蔵。第十一代藩主・加藤泰済は、この槍が戦火などにより失われることをおそれ、模作を大洲藩御抱刀工岡本隆国に制作させた。

（芳我一章『中江藤樹と大洲と』）

令和二年十二月の中頃、大洲に関する資料が少ないと感じて無性に大洲に行きたくなりました。コロナ禍で高齢者はなるべく旅行をしないでもらいたいということでしたが、コロナへの対策をし、万が一私が具合が悪くなった時に看病をして貰うつもりで、娘に同行して貰いました。

まず大洲城に行き、藤樹先生の像に向かいましたが、工事中でよく見ることが出来ませんでした。その後、県立大洲高等学校に行き、校内の至徳堂を拝見しました。又、学校の敷地内には藤樹先生が二十七歳の時、家老に辞職願を出す時の姿をイメージして作られた藤樹先生の青年像があり、大変驚きました。目は真っすぐ前を見据えており不退転の決意を持っている、何か心に響く像でした。更に大洲市の観光まちづくり課に教育委員会を御紹介戴き、色々お話を伺うことが出来ました。大洲に行って種々の資料を戴き、また買い求めることが出来ましたので、大洲に関してだいぶ印象を深くした次第です。

私がみていた資料の中では、大洲城の天守閣が取り払われ、その跡に藤樹像が建てられていると書かれていましたが、大洲に行ってみると、天守閣は復元され藤樹像は二の丸に移転していました。

持病

人は誰でも病氣になります。今、世界は新型コロナウィルスが出現し、今までの生活の仕方を根底から変えさせられている最中ですが、私はこれからの社会はこのコロナと共存していくことになるのだろうと思っています。いわゆるニュー・ノーマルの世界になる、歴史的に見ても大転換期になったと感じます。社会も新しい病氣に向き合わねばなりませんが、人も生きている限り病氣とは向き合わねばなりません。その中で、持病を持つ人は幸せと捉えればよいのか、不幸せと捉えればよいのか、私にはまだ判然としません。その人によって、その内容によって、考えが変わるのであろうと思います。命に関わるような持病であったり、長生きをしていく上での警報として捉えるものであったりするからです。

私も持病があります。二十歳の頃でしたが、突然頭がガンガンと割れるように痛み、目が見えなくなり、吐き氣に襲われ七転八倒して氣を失ったことがあります。その時は学生でしたので、同輩や後輩に担がれて九段坂病院に運ばれました。以降、半世紀にわたってその病氣は私に発作をもたらしました。私は人生の大きな節目節目で、その持病により自分の生き方を変えざるを得ない体験をし続けて来ました。二十八歳で創業したシムックスという会社の社長を五十八歳でバトンタッチしました。その時も持病が頻発し、「このままでは命がなくなる。早く社長を辞めないと死んでしまいますよ」と家内が何度も何度もアドバイスをしてくれ、自分自身もそう思ったので社長をバトンタッチしました。今は、この持病と仲良しになっています。

誰でも生きていく上で色々な問題がありますが、私は基本的に日曜日という感覚がないまま生きて来ました。仕事が一段落すると、それがお休みです。子供が四人生まれましたが、一度もお産に立ち会ったことがありません。仕事一辺倒の人生を過ごしてきたので、睡眠不足と疲れが溜まり課題が山積みになると、身体が「もう休め」「眠れ」と指示を出します。それが持病として現れます。この持病が出る時は有難いことに前兆があるので、前兆が出た瞬間に全ての作業を中止して眠ることにしています。これは外出中でも運転中でも、人さまの前で講話をしている時でも会議中でも同じで、暫く休みますと言って横になります。常に持ち歩いている薬を飲んでひと眠りすると回復します。二十歳からこの病氣が起きましたが、若い頃は体力にまかせてかなり無理をしました。その無茶が極限を超えた時に発症し、二、三日は身動きが出来なかったという記憶があります。歳を重ねるにつれて、持病との付き合い方が分かってきたので、今は前兆が起きると同時に全てを放り出して休むようにしています。この持病があるおかげで、藤樹の喘息についても何となく私なりに分かるような氣が致します。

藤樹は母親のためにと思い、自分の信念から、母親を自分の住んでいる大洲に引き取って一緒に暮らし親孝行をしようと考えて、母親を説得し出来れば連れて帰りたいと考えて、二十五歳の時に母親市の所へ戻りました。しかし市は自分が生まれ育った小川村を出ることを頑として拒みました。藤樹は母親を連れて帰省するという望みを絶たれて失望落胆して帰りますが、帰る最中の船の中で初めて、七転八倒する苦しみを味わいました。藤樹の寿命を縮めることになる持病の喘息が発症したわけです。人は持病があれば自分の身体を労わりつつ生きるようになっていくものだと思いますが、藤樹は持病を悪化させる道を選んだように感じます。身を削り、命を削って自分自身の学びに励み、弟子の教育に情熱を注ぎ込み、結果として命を縮めていったと感じます。

喘息は死に至る病です。発作が起きると息が出来ない、声も出ない、咳き込むばかりで考えることなど出来ない状態になります。相当苦しんだ様子が、小川仙に出した手紙二通に書かれています。

私自身、持病が出た時は何をしている最中でもすべて放り出して横にならないと死んでしまうのではないかと思える苦しみに見舞われましたが、藤樹は私より更に激しい状況に置かれているのではなかろうかと感じます。こういう業病が持病になってしまうと、よほど注意に注意を重ねても短命に終わることとなるのだと思います。今の時代は寿命百年と言われますので、藤樹は半分もいかず亡くなったことは残念に思えてなりません。ただ持病があったがために、命を削ってでも教育・著述に学問への情熱を更に高め、古典の研究も併せて真剣に打ち込んでいったのだと感じられます。自分の寿命がそう長くないと感じればこそ、必死になって教育・著述に情熱を注いでいったのだなと思います。言い方を変えると、持病はエネルギーの元でもあったのかと感じた次第です。

脱藩

大洲藩は脱藩した者は追手を差し向けて討ち果たすか、切腹をさせるという決まりがありました。藤樹は口頭で佃家老にお願いをし、更に暇乞いの願書を出し、知人にも斡旋を頼むという、相当な手間をかけて暇乞いをお願いしたわけです。書面で書いた願書の中にも、親孝行が大変大事なので、故郷に帰って一人暮らしの母親に対する孝行を尽くしたい。そして、母が亡くなったら、戻って再び仕えたいと書いています。ただ、母親より先に亡くなってしまったので、これは実行できませんでしたが、もし母が先に亡くなっていたら実行していたのではないかと考えます。

しかしこの時期、大洲藩には分藩の話が十数年にわたって続いている中で藩主の苦労が多かったこともあり、また、藤樹の名声が上がり郡奉行としての能力も評判になっていること、そして学者としても認められていること等々、辞めたいと言っても辞めさせたくないという事情があったわけです。また、分藩の予定となっている新谷藩に移ることも明確になっているので、藩主兄弟の紛争の種にもなりかねないという事情がありました。藤樹としては、正式に辞めるという許可が貰えないまま故郷に帰ることはとてもできることではありませんでしたが、いくら待っても藩から許可が下りず、母を思うあまり、また自分自身の体調不良もあり、遂に脱藩の意思を固めたものです。

脱藩に際して藤樹は支給された米は全て残し、友人から借りたものは返却し礼を贈るなどして、きれいに自分自身の身の周りの整理をして脱藩をしました。この時代に脱藩をするということは死を覚悟した上での行動ですから、なぜ藤樹は脱藩をしたのか、多くの学者の論争になっています。

その願書については、次に抜粋掲載致します。

上ル二佃某ニ一

萬年本、乞二致仕一書と題して巻尾に附載す。今年譜に据りて改め題すること如レ此。且其初年の作に係るをもて巻首にのす。○按ずるに寛永十一年甲戌先生時に年二十七。是より先に生母の高島に獨居せるを憂ひて頻に致仕して養を終へんことを乞ども、允されず是歳春此書を作り落宰佃氏にさゝげて情を陳ぶ。猶允されざるゆへ遂に計を決して逃れ帰る。事詳に年譜にみへたり。

（略）私義ハ養親共に四人迄御座候へ共、三人にハ幼少ニ而はなれ申、今母一人殘り申候。母一人子一人の事に御座候。其上母存生之内も今八九年の體に御座候條御暇申請故郷へ罷歸母存命の間ハ如何様のわざを成共仕養申し、母相果候はゞ貴様を頼存めしかへされ被レ下候はゞ、御奉公仕度覺悟に御座候。此外聊存子細も無二御座一候。私の義に御座候條、左様にハ思召間敷候へ共、若右申上候處當座之かりごとにて、眞實ハ身上をもかせぎ可レ申由　一望に作る。にて申上かと御推量被レ成候事も御座候はんと存、此事も度々如二申上一、左様之所存少ニ而も御座候はゞ、立處に天道の冥罰を罷蒙、母に二度あひ申間敷候。加様になげき申所御聞届被レ成候而不便に思召候はば能様に御取つくろひ被レ成、かりごとに言上仕歟などと聞召あやまりの無二御座一様に被二仰上一御暇被レ下候様に奉レ頼外無二他事一候。恐惶謹言。

三月七日　　　中江与右衛門

(『藤樹先生全集 二』)

教　育

教育の基本

教育は道徳教育から始まります。更にその道徳教育は学問の基本でもあると藤樹は考えていたようです。氣をつけねばならないのは、学問は本物の学問と偽物の学問があると言っています。藤樹は二十三歳の時に「安昌、玄同を弑するの論」という論文を書いていますが、その中で触れているものです。もう一つ、本物の学問は『大学』の明徳、『孝経』の孝の考え方をしっかり学んで体得し、その心身を基本として知識を指導することであると表現しています。その考え方の基本にあるのは「孝」という思想であると思います。「孝」とは道徳教育です。

道徳教育について、藤樹は親孝行についてこう考えていたと私は思います。子供は親の姿を見て育つということです。子供は親の働く姿を見て育つわけですから、親が真面目に人間としてのあるべき姿を実践してみせることによって、自然と子供が感化されて立派な大人になっていく、そういう姿が親孝行の第一歩であろうと考えていた。そのように私は感じます。親が子供を感化しないまま子供が大人になれば、俗に言う親孝行などするはずがありません。小さい時どのような環境で育ったか、親の愛情をたっぷり受けて育ったか、そういう所から親孝行は生まれてくると考えます。

藤樹の「孝」は、『孝経』をよく読み込むことから始まったと思います。妻に『孝経』を仮名文字で書いて渡している所から見て、『孝経』が大変重要な位置を占めていると感じました。また、妻も弟子たちと一緒になって、仮名文字で書かれた『孝経』を読み拝誦していたとのことです。

柳町達也氏が『日本の陽明学（上）』の中で、「学校教育の最大の目的は人格の形成にある」という文章を残していますので紹介致します。

古来学校教育の最大目的は人格形成にあった。徳育にあったのであるが、敗戦後は国に教育の大方針なく、いたずらに智育に偏より、学校は道を説かず。ために児童、生徒、学生は放任にさらされ、自己中心の勝手なことをめいめい述べて、苦学努力の風、地を払う。精勤の人更になく、ただ男女快楽にのみ走って、全く禽獣と化す。その最も甚だしきは大学生の惨虐極まりなきリンチ事件これなり。浅間山荘事件にいたってはその極、目を掩わしむるものあり。しかして教育者も、所謂文化人なるものも、このことに関しては口を緘して述べず。

(『日本の陽明学(上)』陽明学大系第八巻)

藤樹の教育は徳教です。徳教とは、具体的に何をどうせよ、こうせよと教えるのではなく、子供が母親の行動を見て自然と真似をする、自然と心に母の行動が刻み込まれ知らず知らずのうちに良い事を身に付け行動していく。この知らず知らず身体に沁みつき行動する、そういうものを藤樹は目指していたのだと思います。藤樹は自分が聖学に志し、また教えて欲しいと言って集まって来る仲間にも聖学を志すように導きました。そして聖学に至る道を実践することで、仲間もその様子を見て発奮し、自発的に実践するよう勧めています。

藤樹の教育を全体的に見ると、胎教から始まり幼児教育、青少年教育、成人教育と繋がっています。男性については、武士の立場から書いていると感じますが、青年時代に日常的に悩むであろう諸々のことを含め、学問はもとより個人々の具体的な悩みにあわせて教育を施しています。例えば、性欲はどう対処すべきか、母親への孝行の仕方はどうあるべきか、氣の合わない友人に対してはどう対処すべきか等々、大変細々としたものが多いと感じます。女性に対しては、妻、嫁、母の立場で女性はどうあるべきかについての教育をしています。更には、老人に対して臨終の際の処し方等々に至るまで説いています。

藤樹の教育の方法は、自分自身が日進月歩で悩み、考え、教育し、且つ著作をすることで無言のうちに弟子を教育をしているように見えます。また、教育に関して何時から何時までということではなく、三百六十五日二十四時間が教育であるというような心構えに私は感じられます。朝起きてから夜寝るまでと言いますが、日中は普通に弟子たちを教え、討論や講義を行い、今で言うディスカッションもしていると感じます。また夜も、集まって来る通いの弟子たちに対して話をしたり、更に出張講義もしています。休む暇もなく動き回って教え、且つ、自分の考え方を原稿に書いていく、そのような日常生活の過ごし方を見て弟子たちは啓発されたのであろうと感じます。

特別な弟子である熊澤蕃山に対して送った文章があります。蕃山に対する思いを師の立場で書いていると感じました。藤樹が蕃山に対して送った言葉をいくつか紹介します。非常に謙遜した言葉を最初は連ねています。温故知新ではない、句読の師に過ぎないけれども二、三人の同志から言われたので教えている。その理由は、教えるは学ぶの半ばと言われているので、自分の学びの一環であると考えて教えているだけで、虎の尾を踏むような氣分であったり、春の氷を踏むような氣持ちで教えているのだと書いています。また、教育する者は憤悱が大事である。教える者は植物へ水をやるように、その時期を間違えないようにして、本人が自覚・自立していくように教育をすべきである。そして本人が、どうしても知りたい、しかし分からない、どうしたらよいか……と悶々とした時に、初めて教育する者が導くことで本人がはっと悟る。これは一人一人みな性格が違うので、それぞれの個性が伸びるように教えていかねばならない。ただ、教える側が先生ぶってしまってはどうにもならない。無意識のうちに偉ぶる気持ちが起きてしまうことを藤樹は懼れているのだと感じます。

この文章の中には格物致知という言葉も使い、論語の中の憤悱も使い、そして教えるのではなく一緒に学んでいこうという考え方が明確に表れていると思います。藤樹は自分も一生懸命努力をしているのだ、蕃山もまた同じように学びそして慎みながら学ぶその氣持ちを忘れないようにしてもらいたいとあります。やはり、特別教育であると思います。

塾の規則

藤樹は大洲藩を脱藩して故郷に帰り、母親のもとで一緒に暮らすようになって、生活もだいぶ落ち着きました。二十九歳の時には従妹の信古が訪ねて来たり、大洲藩から小川覚、後から小川仙も藤樹を訪ねて来ました。その頃は大洲藩の弟子たちや近郊の人々、更にはそれ以外からの人も含めて八十人以上が藤樹に学ぶべく訪ねて来るようになりました。中には居ついてしまい、直接学びを常時受けたいという者も増えて来ました。数十日滞在して集中的に学んでいった者もいるし、何年も滞在して教育を受けた者もいたようです。正式に弟子と言わないまでも、藤樹の話を一所懸命聞いた人が、またその周りの人間に話をするということで、裾野はかなり広がっていたのではないかと思います。

三十歳になると門人が多くなり、勧める人もあって、十七歳の久という娘と結婚をしました。久は母が即離縁しなさいと言う程の不器量な娘でしたが、藤樹は断固としてそれをはねつけ、久が死ぬまで一緒に暮らしたわけです。三十一歳は藤樹の弟子の中で特出すべき医者希望の大野了佐も来ました。藤樹は教育と著述の両輪をもって日々の生活を送っていたわけです。三十一歳の時には「持敬図説」「原人」「明徳図説」を立て続けに書いています。一日一日がかなり充実した時代に入ったと言えましょう。

肝心な塾の規則は「藤樹規」と言います。藤樹規は藤樹の私塾で学ぶ者たちのために、目的と教育方針を明確にするために藤樹が作ったものです。これは朱子が作った「白鹿洞書院規」にならって作ったものですが、朱子も俗儒を批判する意味で作成したものと言われています。藤樹はその批判的精神は同じで、我々が聖学を学んでいるけれども、くれぐれも口耳の学問、俗儒にならぬようお互い氣をつけようという意味を込めて作っています。私は藤樹の氣持ちを想像するに、我々は聖学を学び、私は聖人を目指して日々行動を積み重ねていく。そうすると師も弟子も聖学という大きな富士山のような山を登っていく同志である。師はたまたま山道を先の方を歩き、弟子は同じ目的を持って同じ道を麓から少しずつ登っている。そういう状況だと私は感じます。

塾生心得

初めて遠方から大洲に来た人たちのために、会所という学びの場であり宿でもある宿泊所を作りました。学ぶ上でまず塾の規則を作ったわけですが、規則をどのように我と我が身に落とし込むか、自分自身の行動はどうすべきかについて心得を書いたわけです。

塾生に聖学を学ぶ心得を分かりやすく細々と具体的に書いたものが「学舎座右戒」です。「藤樹規」も「学舎座右戒」もどのように活用していたかははっきりとは分かっていません。想像で書くしかないのだろうと思いますが、現実に「よく学び・よく遊べ」という考え方が強調されているので、個々が伸びやかに学問に励み、塾生同士で相切磋琢磨する。師である藤樹が一人一人の個性にあわせながら導いていく。そのようなことが、この塾の方針から窺い知ることが出来ます。

鈍才教育

藤樹より四歳若い大野了佐という人物のために、藤樹がどれほどの情熱と時間を割いて医術の本を買い求め、読破し、「捷径医筌」という本を書いたか。そしてそれをどのようにして教えていったか。その経緯を辿ることによって、たった一人の鈍才のために藤樹がどれだけのエネルギーを注ぎ込んだか。

大野了佐は藤樹の同僚である大野庄助の次男でした。了佐は今でいう知的障害者のようなものだと思いますが、愚鈍のため父親は了佐を武士には出来ない、農・工・商のどれかで生きていけるようにさせたいと考えました。了佐は父の考え通りは恥であると思い、医者になるか僧侶になるか自分なりに考えて、医者の道を選びました。そこで藤樹へ必死になって医学のことが書いてある漢書の読み方を教えて欲しいと願い出て、父親も子供が医学の道を選ぶのであれば是非とも教えてやってもらいたいと頼み込んだわけです。

藤樹は親戚に医者がいますし、又若い時に医者と懇ろになったようですが、その時点では医術に造詣が深いわけではなく、医術を極めているわけではありませんでした。そこで『医書大全』の巻末にある病氣に関する論文「医方大成論」をテキストとして、大野了佐を教えることにしました。

藤樹はこの「医方大成論」を必死になって了佐に教えましたが、一日中時間を使って一生懸命教えても、まるで覚えない。その繰り返しのようでした。

先生三十一歳

今年始テ谷川寅・落合左兄弟來テ業ヲ門ニウク。又大野了佐ト云者アリ。彼ノ父先生ト親シク友タリ。了佐嫡子ナリトイヘ共稟質極テ愚魯鈍昧ニ〆、士業繼グニ足ザルヲ以テ父嘗テ賤業ヲ営マシメンヿヲ計ル。了佐コレヲ憂テ先生ニ來テ曰、我醫トナラント欲ス。願ハクハ醫書ノ句讀ヲ教ヘヨ。先生ソノ志ヲ憫ミテ授ケテ大成論ヲヨマシム。先ヅ二三句ヲ教ル〻二百遍バカリ、巳ヨリ申ニ及デ漸ク記ス。食ニ退ツテ后コレヲ讀ムニ皆忘レ了ル。又來テコレヲ習フコト百余遍ニ〆始テ記得ス。コレヨリ以后日ニ來テ習フコト年ヲフ。先生江陽ニ歸ルニ依テ今年來テ醫ヲ學ブ。先生ソノ醫術ヲ曉得シガタキヲ以テ醫筌ヲ作テコレニ授ケ、又コレヲ講〆其ノ義ニ通ゼシム。后醫ヲ以テ世ヲ渡リ數口ヲ養フニ足レリ。先生嘗テ曰、我了佐ニ於テ幾ド精根ヲ盡ス。坐ニ在ルモノ皆ヨク教ルコトヲ嘆ズ。先生ノ曰、我カレニ教フトイフ共、彼勉メズンバアタハジ。カレ甚ダ愚昧ナリトイヘ共、其ノ励勉ノ力ハ甚ダ奇ナリ。況ヤ了佐ガ如クナラザル者ハ其勉ムル所ヲ知ルベシ。

（『藤樹先生全集 五』）

いずれにしても藤樹は二十七歳の時に脱藩をしてしまいましたので、了佐に教えることは出来なくなったわけです。その後、了佐が何としてでも藤樹に医学を学びたいと押しかけて来たので、その情熱に押され、藤樹は三十一歳で古今の医学書を買い求め、読みこなし、それを了佐に渡す医学書として完成させ教育をしようとしました。毎日毎日「捷径医筌」の原稿を書いて、それが出来る都度了佐に渡し、その内容をまた教え込む。これは大変な時間と労力を費やしたものだと思います。

了佐は「捷径医筌」の内容を納得できるまで三年間ほど教育を受け、これで良しというところで大洲に戻り、母方の尾関を名乗り尾関友庵という名前で宇和島領宮内村に住み、医術をもって家族を養い世を渡りました。そして実の弟九郎兵衛の三男小三郎を教え育て、小三郎は新谷藩に医師として仕えたといいます。了佐は七十七歳の長寿を得て生涯世に尽くしたということです。

『藤樹先生全集 五』は五百六十ページの分厚いもので、そのほとんどが「捷径医筌」です。

また、この時の状況を藤樹は漢詩で残しています。

切瑳間断なくば
下愚も大智とならん
よく百倍の功を積まば
不肖も聖地にのぼる
況んや中人の資をや
何すれぞ暴棄に安んぜんや

「捷径医筌」の内容については、一一一頁の「著書」のところで書いていますのでそちらをご覧下さい。ここでは藤樹がどのようにして鈍才である大野了佐を医者に育て上げたか、そして藤樹が了佐を教育する様子を他の弟子たちがどのように見たかを考えて戴きたいと存じます。

もっとも了佐は、鈍才といっても所謂知恵遅れのような状態だったと思います。しかし了佐に対する教え方は知恵遅れの子供に対してものを教えていくような方法ではなく、一般常識のある人に対して基本的な医学に関する物の考え方を体系立てて教えていくような教育の方法であったと感じます。医術の基本的な物の考え方の他に、体系立った医学の知識、その実践方法といったものが詳述されていると思います。

藤樹が、原稿が出来たから取りに来なさいと手紙を書いて出す。了佐はそれを見て、いそいそとやって来て教わる。この頃の藤樹は大変繁忙な時で、それこそ命を削りながら教えていく状況だったと思います。ただ、この行為は徳教そのものではないかと感じます。

藤樹の述懐では、「了佐の覚えたい・知りたいという要請にあわせて、何とか了佐のための「捷径医筌」を完成させ、尚且つ了佐が医術を習得出来たのは大変素晴らしいことであった。そして容貌まで変わってしまったように感ずる。内面が充実することによって、外面もおのずから変わっていくものだ。了佐はこの「捷径医筌」をしっかり体得することによって、家族数人の口を養うことが出来るであろう」と言っています。また、藤樹はこうも語っていたと言います。「私は了佐を教育する上で、精魂尽き果てるまで努力をした。それは皆もよく分かっていることであろう。彼が必死になって医学の道に挑戦する、その氣持ちが大変大事なことである。了佐は人と比べて知恵が足りないように言われるが、彼の勉強したいという意欲と実行力は大変素晴らしいものがあった。ここにいる皆は、了佐と比べれば大変な能力を持っているわけだから、本当にやろうと思いさえすれば何でも出来るではないか」と言われたとのことです。

藤樹は徳教を強く主張していたわけですが、ここで大野了佐を一人前の医者にすべく実践躬行したことで、徳教を体現したのだと感じます。またその後、医学を希望する山田権や森村子にも教えています。その時は、「小医南針」「神方奇術」「日用要方」といったテキストを作って渡してもいます。いずれにせよ藤樹門下の人たちは徳教を目の当たりに見たようなことであったと思います。

中才教育

藤樹は十一歳の時に『大学』を読んで立志の意思を固めたと云います。正式な師匠もいないにもかかわらず、『大学』を一心不乱に何度も何度も読み込んで、それなりに納得をしていく。藤樹は最初から学問に必死になって打ち込むというスタートを切ったわけですが、普通の人はなかなかそうはいきません。そこで藤樹は自分の体験をもとに考えて、やはり四書（大学・論語・孟子・中庸）から順序通り初めての人は読んでいくがよかろうと言っているわけです。『藤樹先生全集　一』に、四書について書いてある文章がありますので、その文章を紹介します。

四書考

本篇は先づ程朱の四書の性質と其の教育的價値とに關する意見を擧げ、次に之に關する先生自身の意見を加へられたるものにして、孔門教育の本質を論じ、更に漢儒以來其の本義を忘れたるを難じ、宋明に至りて孔門博文約禮の正教に復したるを喜び以て初學四書の學を以て先務と爲さゞるべからざるを説けり。（『藤樹先生全集　一』）

普通の人が学問を始めても、すぐに効果が出るものではありません。途中で中断するのはごく当たり前です。鈍才教育は、たとえ知恵遅れであってもやる氣があり、それを継続する強い意志があれば一人前の医師となれるという良いお手本として大野了佐を挙げました。次の中才教育は当たり前の人を中才と考えて中才教育と致しましたので、ここはあまり目立っていない弟子に宛てた手紙を紹介します。

森村氏とは森村伯仁という弟子で、藤樹が三十七歳の時に書いたものです。私は「間斷は初學の習にて候へば苦しからず」という所に目がいきましたが、ここでは愛敬の心を中心に考えていくことが重要であるとし、『大学』にある「苟（まこと）に日新、日日新、又日新」を日新の功として森村氏に教えています。ただ、その後に会って話をしようと言っているので、普通の弟子を教える時は、このように文章の中に、何をテキストとすべきか、学んでいる最中にどんな問題があるか等を書き、そして会った上で詳しく説明するという藤樹の中才教育の方法が垣間見えると思います。

答《フ》二森村子《ニ》一。

工夫間斷おほく御取入成兼申旨、間斷は初學の習にて候へば不レ苦候。唯實體の見着なきが大なる學問の疾にて御座候。（萬年本ニ学問の大なる病に而御座候ニ作る。）先書にも如二申通一。現在の心欲に不レ動・物に不レ滞時、愛敬底なる心を主人と御定（人ノ下萬年本ニ公ノ字あり。）常に不レ失様に可レ被レ成候。此工夫のまゝしだいに能御心得候はゞ、をのづから日新の功可レ有二御座一候。兎角面上に申承度候。

英才教育

基本的に藤樹は、自分のありのままをさらけ出して弟子に対応しているようです。そして共に学ぶという姿勢を一貫して持っていたように感じます。人を伸ばすには欠点を指摘するのではなく、自らはっと氣がつくように教育をする。又、一人一人の個性を尊重し、個性を生かしているように見えます。

英才教育は基本的な部分が身に付いた人で、一人でどんどん学びを深めていくタイプの人物に対して行なわれています。藤樹から見ると、小川久左衛門に対する教育の仕方がいかにも英才に対する教育の実例ではないかと思いますので御紹介致します。小川仙に対する書です。これは「小川子の疑問に答う」と「明日また仙に与う」という文章が大変分かりやすいものです。小川仙に対しては十一通の手紙を書いていますが、その中で褒めるべき所は褒め、だんだん理解が深まってきた所で、「これでは駄目だ」「どういう意味だ」と強く注意する場合もあり、また、「疑問が深い所を突いて来た。大変よろしい」と褒めたたえる、というような教育の仕方です。

最初の「小川子の疑問に答う」では簡単に返事を出していますが、次の「明日また仙に与う」を見ると、藤樹は先ず反省をしている所から文章が始まります。

「昨日手紙を貰った時には、持病で大変苦しかったし、お客が来ていた最中でもあったために適当な返事をしてしまったが、大変申し訳ないことをした。今日は客もいないし、持病の喘息も落ち着いているので昨日の質問に関する書物を出して読んだところ、私の答えがよろしくなかった。

疑問点についてはその通りだと思う。そこで初節は『四書大全』の許氏の説、末節は『集註圏外』の楊氏の説をよく考えて御覧なさい。そうすれば私が答える必要はない。この二つの説を熟読玩味して、更に時勢をもとによくよく考えなさい……」という返事を出しています。

藤樹は小川仙に対して、調べる所を明示して本人に考えさせ自ら悟るという教育の仕方をしています。自分で疑問を深め自分で解決していく、その道筋を教えていくという小川仙に対する指導ぶりは、英才教育の良い例であると感じます。

遺　言

藤樹の遺言として残っているものが二種類あります。まだ若い奥さんを再婚させて貰いたいとか、子供の後や塾の後もよろしく頼むという遺言と、自分の学んできた道を継いでくれるものがいないといった内容の遺言が残っています。

藤樹が亡くなる時の状況として、「自分が生涯かけて没入した学問の道は誰が後を継いでくれるのだろうか、誰もいない、残念である……」という内容の文章が「藤樹先生行状」に出ています。その臨終の状況が王陽明の臨終と対比させるような文章なので、私は何とはなしに違和感を覚えていました。「藤樹先生行状」を書いた人が創作をしたのか、或いは誰かの話を聞き取って書いたのか、という疑問を持ちました。近江聖人と言われるほどの人物であるから、亡くなり方もこうあった方が良かろうという考えが垣間見える氣がしています。

慶安元年戊子ノ秋先生病ス。其革カナルニ至テ令〆婦人小子ヲ屏ク、只諸生ノミ傍ニアリ。先生醫ヲ〆脈ヲ診ムルヿアラシメテ曰ク。脈ソレ絶ヘナント、則タスケ起シテ端坐シ、几ニ隠テ歎〆曰、此道ノ任誰カアル、嗚呼無哉。ト云テ卒ル。時ニ年四十一、秋八月二十五日也。

（〔藤樹先生行状〕『藤樹先生全集　五』）

先生常ニ痰咳ヲ憂フ。病發スレバ多ク枕ヲ重テ臥ス。愈ルニ随テ一ヅ、去レリ。先生將《サニ》レ死《セント》。病革ルノ時母公來テ病ヲ問フ。先生曰、少快シト。自ラ其枕ヲ一ツ去レリ。母公枕ノ減ズルヲ見テ、然バヤガテ快カラント云ヒテソコヲ去レリ。暫アリテ先生卽チ終リ玉ヒヌ。カク簀ヲ易ルニ及テモ、母ノ意ヲ慰メンコトヲ忘レ玉ハズ。先生ノ孝心誠ニ難有コトニ非ズヤ。（〔藤樹先生別傳〕『藤樹先生全集　五』）

もう一つの遺言は書院記事の中にある「先生卒前遺言の状」です。こちらを読んで納得を致しました。藤樹も聖人とはいえ、やはり人の子です。普通の人と同じような心配事を抱えつつ旅立っていったのだと、人間味のある印象を受けています。後藤氏の詳しい解説がありますので、お読み下さい。

吉久（近里初門人志村兄弟の弟の忠左衛門吉久）の兄秀次（初門人志村兄弟の兄治郎兵衛秀次）は、書院南隣に住宅を構え、弟吉久に宗家を譲り継がしむ。書院の東隣りなり。先生卒前、子三人幼く、母公は大老（七十一歳）に及ばれ、継室別所氏は年若にて行末を思い計り玉い、秀次吉久両人へ、初の予州より帰後百般周旋の程を感謝ありて、隣邑七八の門人は所も隔たり或は仕官の方々もあり、□□そこ元兄弟及び小川助左衛門豊縄、村内の事なれば、書院守護し、老母三児の先途この上行く末保顧なしくれよと御遺託になり候て、書院開闔の鎖鑰を小川氏と吉久と両家へ渡し給うにより、また吉久の嫡子清兵衛久重は、先生没後歳経て先生の従兄弟中江仁兵衛（三郎右衛門の子）の女を妻として常省先生に学ばれたり。尚更縁家たるに依て、久重代一倍親睦に世話厚くして、以後小川氏と両家永く書院守祧（廟）と成りぬる事なり。

とある。

これによると、臨終には志村兄弟のみ立ち合って遺託を受け、小川氏も諸門人も立ち合ってはいないようである（この点も前掲書の記事と異なる）。余程の急変であったのであろう。しかしこれによって、母は老齢の事故三人の遺児の事、書院守護のことをそれぞれ小川志村両家へ遺託された事、後室は年若故再嫁する事、門人へも然るべく配慮されたい意志をも持たれていたことなどが窺われ、後日別所氏の再嫁した事、弥三郎が伝右衛門に託された事もこれで解ける。そして別所氏が再嫁後も弥三郎について配慮していた事については、年次不詳小川庄次郎氏宛別所氏の書簡が小川氏の書院維持、春秋の祭祀の外、藤樹一家の内事に至るまで深く考慮したこと、別所氏がそれを感謝していることでよく知られる。文にいう、

そもじ様ことの外御きも入り御せわになされ候。みか様（小川氏の妻）御きも入御くろうになされ、たのもし（たのもし講のことか）御とりたて、弥三郎末々までのためおぼしめし下され候よし、かたじけなき心入れの段かんじ入、御礼申つくしがたく悦び入申候。弥三郎も聞候はばさぞ〴〵そもじ様がたの心入り一入かたじけなく悦申候はんとぞんじまいらせ候云々。

（後藤三郎『中江藤樹伝及び道統』）

学問

藤樹学

藤樹書院に私は今まで三回伺ったことがあります。初めて訪問した時、案内をして下さる方との会話で、「日本陽明学の祖と言われる藤樹先生」という表現を使ったところ、「藤樹先生は陽明学者ではございません。陽明学一辺倒ではありませんので、陽明学者と言わないで戴きたいのです」と言われたことを思い出します。

今回、藤樹の著述や資料を参照するに、確かに陽明学ではなくて藤樹学であると実感しました。中江藤樹が一生懸命独学を重ねて藤樹独自の学問の道を切り開いてゆき、最後の段階で王陽明の陽明学が一番納得できるものであった。藤樹学を発展させる上で陽明学が大変役に立った。陽明学を取り入れたという位置づけなのだと感じました。

藤樹学という言葉について、一番納得のいく文章が次の西晋一郎氏の書かれたものです。

　藤樹先生が当代に於て厳密な訓詁考証の学者であつたといふことは先生の全集の編輯主任である加藤盛一氏の多年にわたる綿密な研究に因つて段々明かになつた。これは私など素人には寧ろ意外のことで、従来一般にも先生をその意味の学者とは余り思つて居なかつたかと思はれる。経学に於ては精密な註疏考証の事をなし、中にも性理の学の方面に於ては当時容易には手に入らぬ新書をも調べ、孝経の如きは諸説に就き彼此比較研究を遂げられた様である。此れ等のことに就いては加藤氏の公にせられた数々の著述があり、就いて見るべきである。これによつて先生が最も忠実な経学研究者であつた事が大に世に明らかとなつたので、藤樹学の面目が新たな方面から掲げられて来た。私はこれまで先生の諸経解釈を読み、既に孝経大学中庸のは紹介して来たが、先生の訓詁考証にさほどの行き届いた研究が潜んで居る事を知る準備は無かったが、先生の経解を読んで加藤氏の研究と思ひ合せることは、先生の研究は世の所謂考証訓詁家の多くに見る如き博識を求め穿鑿を好み新発見に興味を有《も》つといふ類とは全くその趣を異にし、只管《ひたすら》聖人の詞の真意義を尋ねて聖人の教の旨、聖人の心そのものに入らうといふ真実心から出たことに相違ないと思ふ。古聖人の心を尋ねるにはその詞として伝はれる経典の意義を精密周到に調べるのが第一着手であることは言ふまでもない。訓詁考証に熱心となるはこゝから来ねば本当の学問とは謂ひ難い。たゞ知識欲に駆られたり博覧新意見を事とする如きは真の意味の学問にははなはだ遠い。（略）

これは固より経書の解釈の言辞であって、独語でないがためでもあらうが、解釈の言辞そのものが修身に集中して居る。この修身即ち身に即して修養を積むといふことが、また先生の学の到達点であって、そこに日本的といふものが期せずして現前して居るかに思はれる。

（西晋一郎『中江藤樹の学徳』）

西晋一郎氏だけが「藤樹の背中から光明を放っていたであろうと思われる」と書き残しています。徳教の感化力が素晴らしかったのも、背面から光明を放っているためではないかと感じます。なぜそう感じたのかというと、藤樹先生は聖人の道の行持者であると書いています。行持者とは行者です。生涯修行をするという意味でしょう。よく、聖人は背後から光、いわゆるオーラを放つといわれます。学者の中でオーラを放つ人というのは聞きません。宗教的な趣があると西晋一郎氏は言います。

藤樹はいわゆる博覧強記、訓詁記誦の学者ではなく、聖学を追及してゆく学者即ち行者であり、その道の修行をして悟りの道に入るということを感じさせます。

基本的に朱子学・陽明学は藤樹学の栄養部分であったのだろうと感じます。藤樹が自分自身苦しんで命を削りながら自得していった聖学の道。最初は朱子学で入り、苦しんで、だんだん陽明学的ものの考え方に入り、晩年に至って王陽明の書に出会った時は、苦しみ抜いていた所ではっと氣がつかされたというように感じます。陽明学との出会いではっと氣づき、悟りを得、そこをまたスタートとして修行者としての実践躬行をしていった。その実践躬行の学問を藤樹学と言うのであると私は感じています。

行者について、西晋一郎氏の文章を続けてお読み下さい。

聖人の学が修身の一事に尽きることに異存のないのは藤樹先生のみでなく、仁斎始め実践を眼目とする学に於ては皆然りであるが、その中先生の学は依然致良知を究竟とすることに於て仁斎学と大に異なる。先生の学者とは修業者といふ意味で、佛教で言へば行者に外ならぬ。世間普通に学者と言ふのと意味が違ふ。即ち実地修業者のことで、聖人の地を目指して、そこに進む道程にあるもののことである。しかし学を先生はその経解に於て学の義と解釈し、心体に体達することを学の主意頭脳とせられた。聖人とは明徳の明らかな人のことで、この明徳は良致の異名であって、内外を超えて内外に充塞する本体である。聖人は此の本体のまゝを保有せる者で、すべて修業は此の各自具足の自己の本体を体得するを究竟の事とする。（略）

先生にあっては所謂理窟を事とするのでなく、あくまで実践躬行であるが、その実行とは五事に即して明徳を明らかにすることであって、心の本体といつて奥の奥に据れるものでなく、近く身心一致の上に現前するものである。故にその学が徹頭徹尾実行的である事がそのまゝ致良知の学であり、明明徳至善の学である。蓋し先生は明徳に得入せられたのであって、それによって先生の忠信孝悌等の諸徳が謂はば開眼したのであらう。勿論かゝることは程度のことであって、有徳者は何等かの意味で明徳に触れて居るのではあらうが、先生にあっては明らかな霊覚があって、先生の徳の背面から光明を放つたものがあった事と思はれる。先生独り聖人の名を得られたのも蓋しこれがためであり、徳の感化の力に格段のもののあつたもこれがためであらう。（略）

今藤樹先生の一生を観るに真の行持の人であって、江西の邊郷に母を養ひ学を講じて、名利更に其の念頭に上らず、其の寒素な一生ながら聖人の学を一世に維持し、後代に伝へ、現に今生けるが如きものがある。

（西晋一郎『中江藤樹の学徳』）

藤樹学について、もう御一人の文章も御覧下さい。

藤樹自身の自得がまずあり、陽明や竜渓の思想が後から藤樹の自得を追認するという形式で陽明学が藤樹学に存在するのである。三十一歳『持敬図説』の著作の中に陽明学的思想が見える場合と、ここ翁問答の場合においても軌を一にする、と考えてよい。

朱王学の受容ということは、その学に触れる前に、朱王学的な自得、換言すれば朱王学を受容する主体的条件が存在しているのである。藤樹に一つの問題意識があり、それに触れ、それを育てるものとして古聖の経典や先哲の文献があり、その中に問題意識に触れるものを取捨選択して、或るものは取り、或るものは捨てる（藤樹はこれを「損益」とよんでいる）という損益読みをしておるのである。こうしてここに藤樹学の体系が自得のかたちで出来上るのである。

藤樹が自己の本来性に全服の信頼を寄せてうち立てた藤樹学の体系は、一つの柱として、陽明学を受容し滋養としたものであり、今一つの柱は、太虚皇上帝をいのちの根源とし、自己はその「いのち」の表現である、というものであった。このように藤樹学の柱としての陽明学を大きく位置づけたのは、この『翁問答』であった。

（木村光徳「翁問答における陽明学の受容とその意義」『陽明学』第二号）

近江聖人

西晋一郎氏は藤樹について、非常に宗教的な色彩を感じる。霊覚的なものがあったのではないか。所謂宗教人によく言われる背後からの光・背後からのオーラがあったのではないか、という推察をしています。ですから、そのオーラを感じる人も中にはいたと思います。そういう所から、聖人という言葉が生まれて来たのではないかという氣も致します。キリストにしても釈迦にしてもオーラが出ていると巷間言われています。ただ、孔子については、儒学は儒教とも言うので宗教的な色彩は当然ありますが、孔子がオーラを発していたという記述は見たことがありませんので、儒学の中でオーラらしきものについて触れているのは藤樹のみだと思います。そういう点で、藤樹学は藤樹教と言ってもよいのではないかという氣持ちも起きて来ています。

先生の学究的努力は並大抵の事でなく、また先生の世間的境遇の逆境とも云はるべきものが先生を磨いたであらうといふことが先生の一生に於て重大であつたことは疑はれないことであるが、一点耿々の霊覚的なものが夙くから先生に閃いて居たことが、先生をして近江聖人たらしめた根本であらう。世には数々の逆境に遭遇するものも多く、また学問研究に大に努力するものも多いが、かゝる境遇や努力で必ずしも学徳を成就しない。幼にして君父の恩を感銘し、少にして大学の教を導信せられたといふ話は最も注意すべき点であって、何としても非凡の天稟が先生を近江聖人たらしめた根本であらう。

（西晋一郎『中江藤樹の学徳』）

近江聖人の稱號に就いて

近江聖人を以て稱するに至りしは何時頃なりしか詳かならざるものありといへども、文章にあらはれしは實に「斯文源流」を以て嚆矢とする。此の書は室鳩巣の門人河口子深の著にして、先生の歿後凡そ一百年に出づ。

（『藤樹先生全集　五』）

もう御一人の文章もお読み下さい。

陽明学についての知識をもつことと、陽明学を自己の思想として信奉することとは、改めていうまでもなく別の問題である。藤樹が陽明学をどこまで正しく理解していたかは、しばらくおくとして、晩年の藤樹が少なくとも主観的に陽明学の信奉者であったことは、疑う余地がなく、その意味で藤樹が日本陽明学の始祖として位置づけられるのは、たしかに正当である。そして藤樹をその陽明学の世界に導いたものが何であったかは、朱子学や陽明学が「実学」すなわち道徳の実践のための学問であることを本来の性格としていたのであるから、藤樹の生活者としての行動や思索の軌跡に即して考えられなくてはならないであろう。また藤樹の名と結びつけられている「近江聖人」の尊称も、ともすれば完成された人格者としてのとりすましたイメージを私たちの心によび起こしがちであるが、本来の意味がそうであったかどうかは、検討してみる必要がある。聖人とは、いうまでもなく儒学において理想とされる人間のあり方であるが、江戸時代に儒学を信奉した多数の人々の中でも、聖人と呼称された例はほかには稀である。この称号の発生した時期は必ずしも明らかではないけれども、少なくとも江戸時代中期にこの称号がかなり広く用いられていたことは、河口子深の著『斯文源流』（一七五〇）に、「藤樹先生（中略）、陽明王氏之学を以て、栄利を脱落し、外慕を絶して、徳化自然に人を感動し、世これを近江の聖人と称す」とあるのによって知られる。この場合は既にかなりの理想化が加えられているが、ともかく藤樹が、外面的な名利の欲望を超越し、自然に人を感化するほどの徳性を身につけた人物であったこと、すなわち道徳の実践者であったことに、この称号の根拠がおかれている。この際に、もともと朱子学と陽明学とによって代表される宋・明代の新儒学においては、「聖人」が常人から隔絶した存在とは考えられていなかった点が忘れられてはならない。「人みな聖人たるべし」とは、朱子学の立場を特色づける主張であったし、王陽明の語録の中にもこれと類似した趣旨の言葉は多く見出される。しかしその聖人の域に到達するための道は、原理的には万人の前に平等に開かれているとしても、実際には例えば朱子学においては「格物窮理」の、また陽明学では「致良知」などの修養を積むことによって、はじめて到達することのできる境地とされているのであるから、その過程にはきびしい道徳的ないし精神的な実践が要請される。すなわち実践者としての立場において朱子学ないし陽明学を受容するのでなくては、聖人の境地にいたる道は開かれないのである。

（尾藤正英「中江藤樹の周辺」『中江藤樹』日本思想大系）

日本陽明学の祖

初めに、藤樹は「近江聖人」と言われ、「日本陽明学の祖」と言われたと書きましたが、なぜそう呼ばれたのか。この疑問に対して、三つの視点があります。

先ず一つは、常人とは違う桁違いの勉強の仕方にあります。身を削る努力をして、あまり努力の中身を人前には出さないという点が挙げられます。二つ目は、桁違いのエネルギーを教育に注ぎ込んでいる点です。これも同じく身を削るほどの努力を大野了佐に対ししています。当然他の弟子たちにも一人ひとりに対して細やかな教育をしていますが、大野了佐に対するものとは違うと感じます。三つ目は、聖人を目指すことへの実行力です。これもまた凄まじいものがあったと感じます。この三点が相まって日々実行し続けて行ったことが無言の教え即ち徳教となり、人々への感化力になったのだと感じます。

とても藤樹のような勉強は出来ない、とてもあのような教育は出来ない、あのような実行力は私には備わっていないと周囲の人々が感じ、少しでも藤樹のような行動を見習いたいものだと思うようになり、少しずつ実行することによって、近江聖人と言われる流れが出来て行ったのだと思います。

「日本陽明学の祖」と言われますが、本人は陽明学者とは言っていません。しかし、大変陽明学に魅かれた。陽明学の書に出会ったことは生涯最高の幸せである、と残しています。陽明学に対する藤樹の思いと、その勉強の仕方、更に実行力、これらが藤樹の跡を追いたいという人たちから見ると、なぜ藤樹はこういうことが出来たのか、それは陽明学を信じ実行したからだというように受け止められ、結果として後世の人から「日本陽明学の祖」と言われるようになったのだと感じます。

陽明学派の人脈

陽明学派には、直接の師弟関係はすくない。それは斯学が異端とされたためであり、大塩平八郎も佐藤一斎も、林子平も雲井龍雄も、みな先人の遺著によって独自に学んだのである。

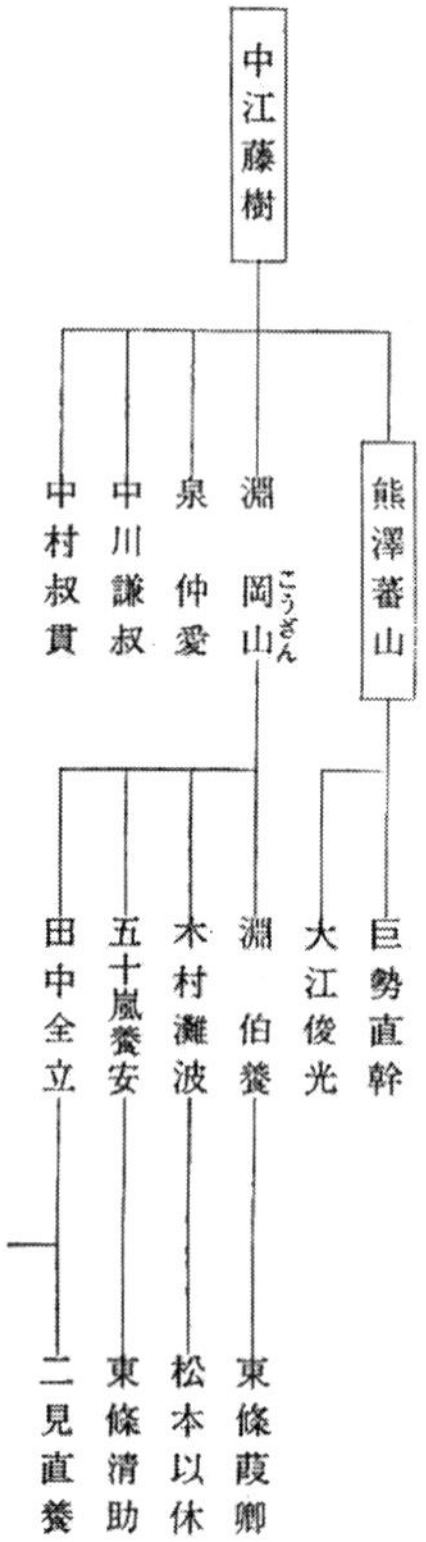

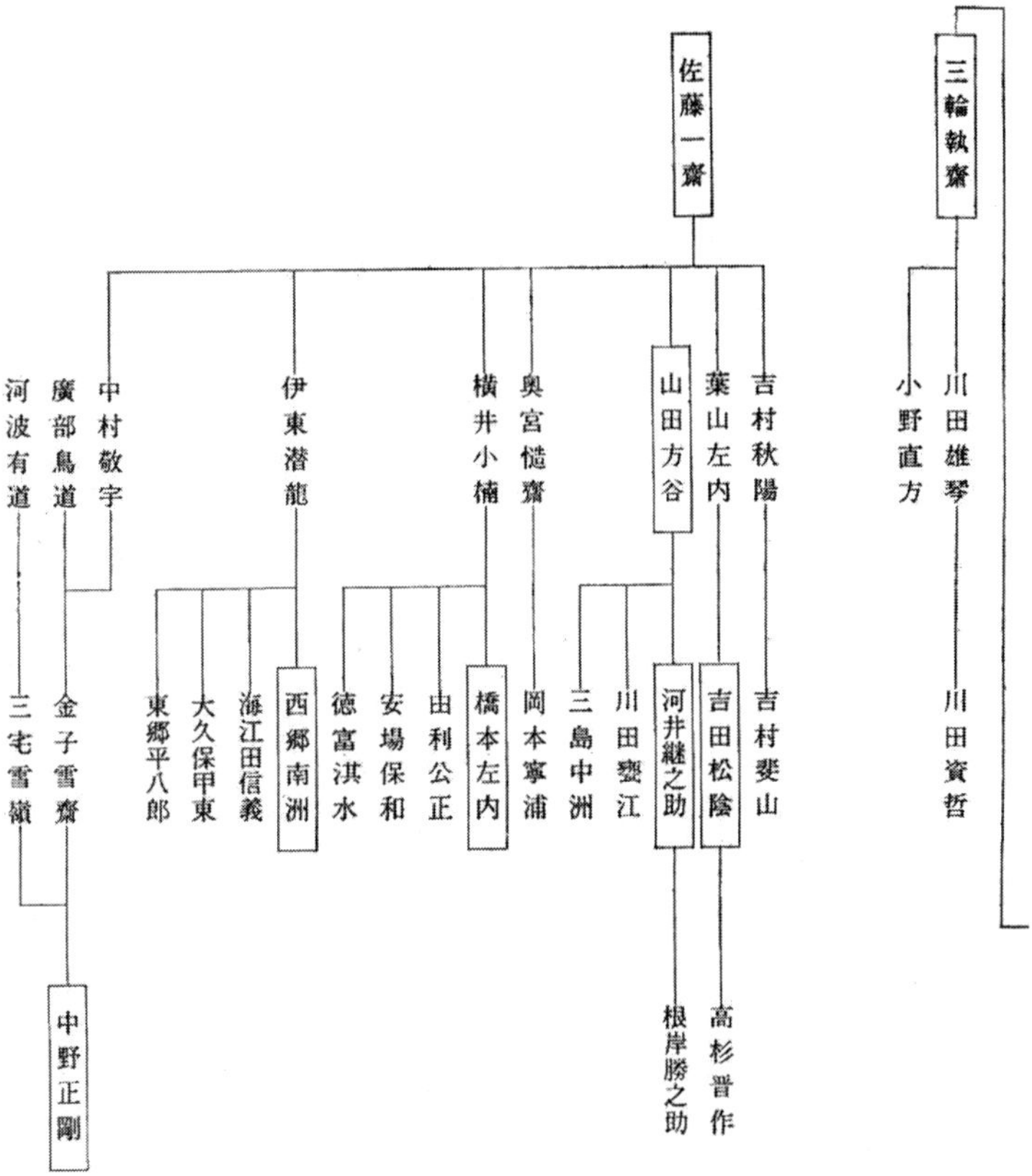
三輪執斎
川田雄琴
川田資哲
小野直方
佐藤一斎
吉村秋陽
吉村斐山
葉山左内
吉田松陰
高杉晋作
山田方谷
河井継之助
根岸勝之助
川田甕江
三島中洲
奥宮慥斎
岡本寧浦
横井小楠
橋本左内
由利公正
安場保和
徳富淇水
伊東潜龍
西郷南洲
海江田信義
大久保甲東
東郷平八郎
中村敬宇
廣部鳥道
河波有道
金子雪斎
三宅雪嶺
中野正剛

元来陽明學は頓悟の風あり、訓詁と究理を主とせざれば、一讀して豁然貫通すれば、則ち幾十年前に悟りたると、毫も異なる所なし。況んや藤樹の既に朱子に疑を懐き、猛烈なる感情と、鋭敏なる推理力を以て、王學を迎へしをや。故に藤樹が王學の精髄を得て、我邦王學の鼻祖たるとは、疑ふべき所なし。藤樹が佛子と稱せられ、又近江聖人の號を生前に得しは、自ら彼の資性非凡なりしを見るべし。且つや彼は敏捷なる智力と強大なる意志力を欠かざりしも、寧ろ最も感情に長するの人なりき。遭ふ者を感化し、見る者を感化し、聞く者を興奮せしむるものは、彼の真摯にして至誠なりしに由れり。藤樹は所謂温良恭謙譲を以て之を得たりと云ふべく、温潤含蓄の氣象あり。渾然として玉の如くなりしも、彼は往々聰敏智慧を以て稱せられたり。而も彼は務めて圭角を抹殺し、専ら徳行の人たらんとを期せり。彼は人を壓服せずして、人を心服せしめたり。彼は最も感化力に富める精神的教育家となりしなり。日本の学者が一般に支那の学者より實用的なるが如く、藤樹は王陽明よりも、朱子よりも、實行に於いて優りたり。彼の教養の主眼は、智に在らずして徳に在り。學術に在らずして、實用に在りしなり。即ち彼は王學に入らざりし以前より、知

（安藤英男『日本における陽明学の系譜』）

行合一の人なりしに、王學を得て更に數歩を進めたり。彼は知るが為めに學ばずして、行ふが為めに學び、又た知るが為に教へずして、行ふが為めに教へたり。

（高瀬武次郎『日本之陽明學』）

中江藤樹（一六〇八～四八）を日本陽明学の始祖とし、以後熊澤蕃山（一六一九～九一）、三輪執斎（一六六九～一七四四）、佐藤一斎（一七七二～一八五九）、大塩中斎（一七九三～一八三七）と続く系譜を「日本陽明学派之哲学」として統一的に描き出し、日本古学派之哲学・日本朱子学派之哲学と対比したのは、井上哲次郎であった。そして朱子学が官府の教育主義であるのに対して陽明学は平民主義の如くになったと指摘している。しかし、中江藤樹は、『翁問答』にも明らかなように、武士の道、武士の生き方を懸命に教えており、『孝経』を武士向けに説いている個所が多い。幕藩体制そのもの、すなわち君臣上下の分を守ることを根柢とする体制については藤樹は少しも疑っていない。

（山下龍二「中国思想と藤樹」『中江藤樹』日本思想大系）

親孝行

藤樹は大変親孝行でした。特に、母親に対しての親孝行が有名です。父親とは九歳の時に別れて以降会わずにいて、故郷へ戻った時、既に父親は亡くなっていました。母親が亡くなってからでは親孝行が出来ないと考えたのでしょう。必死に親孝行をするための行動を起こしました。

具体的に親に対して感謝の念を持ったのは十歳の時です。食事をとっている時に、なぜこの食事が食べられるのかと考え、両親の恩、祖父母の恩、藩主の恩を考えるに至ったという記録があります。前述したようにその後は祖父母の元で一生懸命学びを深め、十五歳で元服をし、祖父の跡を継いで百石取りの武士になりました。表面的には順調に立身出世をして、母親の自慢の息子になっていったわけです。

藤樹は母親のあかぎれを氣にかけて手に入れた膏薬を歩きに歩いて届けに行った、という話が創作されたくらい母親に対する思いは大変強いものがあったようです。この時代、武士の身分を捨てて故郷に帰ると願い出たわけですが、認められないまま時間が過ぎて、やむなく二十七歳の時、母親の元へ帰るため脱藩しました。その時の氣持ちを表した漢詩がありますが、詳しくは二一四頁を御覧下さい。

その後、藤樹は三十三歳で『孝経』を読むことを日課とするようになります。『孝経』や『大学』を読むことで、親孝行という考え方は誰でも持っているが何処からその考え方が出て来たのか、と考えるようになっていったわけです。そして、「孝」という文字は、人間として正しい道を歩いて行かねばならぬ時の根本的なものの考え方であると思い至ったようです。

『孝経』について、安岡正篤先生の高弟である伊與田覺先生は、「私は学生時代、中江藤樹先生に凝った」と書き残しておられ、『孝経――人生をひらく心得』という本を致知出版社から出しておられます。伊與田先生には、平成二十六年に大阪の論語普及会が主催した論語寺子屋サミットという全国論語教室の交流会でお会い致しました。先生は論語普及会の学監で、先生の記念講演の後に私が講演をさせて戴きました。終了後、先生とお話をさせて戴いた時、「私は九十年ほど論語を学んでおりますが、あなたはさまは何年ぐらい学んでおられますか」と聞かれ、冷や汗が出ました。高校時代から数えると何とか五十年くらいになりますので、「私は浅学でございまして、まだ五十年です」と答えた記憶があります。平成二十八年に百一歳で大往生されましたが、大変人徳のある先生でした。その伊與田先生は『孝経』は素晴らしいとその普及にも努力をされました。

藤樹は、「孝」は人間としてどうあるべきかという素朴な所から始まって、学問的な体系を発見し、更に思索を深め一つの哲学的な体系を作り上げていったと感じています。したがって藤樹の親孝行は、一般の人が考える普通の親孝行ではなく、子供が親に孝行するのは当たり前で、親が子供に孝行していくという考え方に発展し、学問的な体系を少しずつ作り上げていったのだろうと考えています。なかなか普通の人は、親孝行から学問的体系、哲学的な思索にいくことはありません。ここでも常人とは違うという感を強く致しております。

藤樹心学

心学と言えば石門心学が有名であり、今は藤樹心学とはいったい何のことであろうかという状態であろうと感じています。藤樹は十七歳の時に『四書大全』を独学したわけですが、それ以来心学という言葉を大事にして来たのではないかと感じられます。心学とは、四書五経をはじめとして聖学を学んでいく中で自分自身の行動を正しくし、心を正しくしていく学問である。『論語』には「心の欲する所に従えども矩を踰えず」という言葉があり、そこから『論語』を心学のテキストに使っています。

「翁問答」の中に心学についての記述が多々あります。その中から心学についてポイントを押さえて書いてあるものがありますので、三つ紹介します。

聖賢四書五経の心をかゞみとして、我心をたゞしくするは、始終《しじう》ことごとく心のうへの學《がく》なれば、心學《しんがく》とも云なり。此心學をよくつとめぬれば、平人《へいにん》より聖人《せいじん》のくらゐにいたるものにて候ゆへに、また聖學《せいがく》とも云なり。（略）

師の曰、心學《しんがく》をよくきわめたる士《さぶらい》は義理《ぎり》をかたくまもりて邪欲《じやよく》なければ、世間《せけん》の作法《さほう》にあやかる事なし。心學《しんがく》のみがきなき士は、よこしまなる名利《みやうり》にふけるもの也。今時のさぶらい心學のみがきなきものばかりなれば、商立身《あきなひりつしん》の上手《じやうず》なる士の時めくを見きゝてうらやみあやかり、我も〳〵とまねをするにより、次第に風《ふう》きたなくけがれて、士道のぎんみをば古風《こふう》にて時にあわずなど云て心がけず、あさましき作法《さほう》となりゆきぬるはむざとしたる手《て》ぐろ士を大名衆の崇敬《そうきやう》したまふ故なり。（略）

儒道《じゆだう》がすなはち士道なれば、眞儒《しんじゅ》の心學《しんがく》にてぎんみしたるがよろしく候。さなくては吟《ぎん》味正眞《みしやうじん》の義理にあたらぬものなり。近代甲斐《きんだいかい》の信玄《しんげん》は文學《ぶんがく》をもめされて、随分《ずいぶん》ぎんみつよき大将《しやう》なりしかども、眞儒の心學なきによつて軍鑑《ぐんかん》のぎんみ正眞《しやうじん》の義理《ぎり》にあたるはすくなし。よく〳〵体認《たいにん》あるべし。（『藤樹先生全集　三』）

藤樹は聖賢を学ぶ過程で心学という考え方を知り、心学はそのまま聖学であると理解しました。後藤三郎氏は日本の心学は藤樹に始まると言い切っていますので、その文章も引用させて戴きます。

藤樹は、心学の語をどこから学んだのであろうか。今三十五歳以前の読書について調べてみると、十七歳禅師去って四書大全を購い独学するのであるが、その論語為政篇第十五章、「吾十有五にして学に志し云々」の章の註に、「新安陳氏曰く、……聖学志学より始め、心の欲する所に従って矩を踰えずに至って終わる。始終惟一心学なり」といい、その説明に、「学者苟もよく卓然志を立て、以て聖人志す所の学に志し、その序に循って知行並び進む。学年と倶に長じ、徳年と倶に進む。豈漸く純熟（この語が後に翁問答最後の所に出る聖胎純熟の語の淵源となったのかも知れない）の境にいたる能わざらんや」、「大本立つ、従容として道に中り、大用行なわる」、「心の欲する所に随って……矩を踰えず」といっている。

その意味は、志学・而立・不惑・知命・耳順を経て、心の欲する所に従って矩を踰えずに至る、皆惟一心学である。志を立て右の順序に従って進めば、知徳年と共に進み、純熟の境に至り、心の欲する所に従って従容として道に中る境地、即ち聖人となることができる。それが心学であるというので、心学即ち聖学であることになる。これが藤樹が心学という言葉に接した最初のものであろう。（略）

心学の語は岡山学派を通じて全国各地に拡まり、世の通語となったので石田梅岩の門流手島堵庵に至って梅岩流の学問を心学と名づけたのではないだろうか、そして、この学が隆盛を極めるにつけ、藤樹心学は世の中から忘れられ、心学といえば石門心学であるかのようになった。石門心学は、藤樹の学統を直接継承しているとはいえない。内容にも対象にも相違はある。しかしその根本に於いては異なるところがないといえよう。梅岩いう、「学者たる者心を知るを先とすべし。心を知れば身を慎《つつし》む。身を敬むゆえに礼に合ふ。故に心安し。心安きはこれ仁なり。仁は天の一元気なり。天の一元気は万物を生じ育つ。この心を得るを学問の始めとし終りとす」と。故にいう日本の心学は藤樹に始まると。

（後藤三郎『中江藤樹伝及び道統』）

四書大全

藤樹は十五歳で元服しました。元服した後、すぐ祖父の吉長があの世へ旅立ちました。吉長が亡くなった後は、家督を継いで百石の武士として大洲藩に仕えることとなりました。戸主として一人前の武士として、日常的な社会の決まり事を守り、同僚や先輩とのお付き合いを一人前にせねばならないわけです。藤樹は学問を学ぶ際には、『大学』・『中庸』・『論語』・『孟子』の順序で学ぶようにと後年指導していました。それは自分の体験から来たものだと感じます。

勉強する上で何故『四書大全』を選んだかと言えば、十七歳の時、医者の招きで京都から禅師が大洲にやって来て『論語』の講義をしたのを藤樹は熱心に聴講しました。武士が聴講したのは藤樹一人で、おまけに聴講する者が少なかったので、禅師は半分だけ教えて京都に帰ってしまいました。その時点で藤樹は儒学の勉強に関してどのようにすればよいかと質問したのではないでしょうか。そこで禅僧は『四書大全』は朱子の解説した『四書集注』を読むように勧めたのでしょう。朱子の集注は新注と言われます。朱子以前の読み方が俗に言う訓詁の学問になっており、それに対して、新しい風を入れたものとして大変歓迎されたということですので、禅師の講義も朱子集注であったであろうと木村光徳氏は推測しています。

そうなると、禅師のテキストも独学するには『四書大全』を購入するが一番良いということになったのでしょう。それで『四書大全』を購入し、まず、『大学大全』を一所懸命読みました。ただ、この時点での『四書大全』は、句読点のない船来本であったろうと木村氏は推測しています。なぜならば訓点のついている『四書大全』の刊行は寛永十二年（一六三五年）だということです。十七歳の若者が教えてくれる先生のいない古代中国語を独力で読んだわけですから、大変な苦労だったのだろうと思います。

年譜によれば、昼間は同僚や近隣の人々と対応し、日常の仕事は夕方までに終え、夜になってから毎日二十枚ずつページをめくり見終わってから寝る、という習慣をつけて『大学大全』を読んだとのことです。白文を内容も分からず必死になって読む、これは「読書百遍意自ら生ず」の実践なので、相当な努力です。毎晩十二時を過ぎても読んでいるわけですから、うとうとしてしまい、きちんと眠らないまま又日常の業務に就くということが当たり前だったのだと思います。そういう暮らしの中で、『大学大全』を百回読み直して初めて、どういうことが書いてあるか自分なりに納得することが出来たということです。これは自分の身体に浸み込む勉強の仕方だったのではないかと感じます。こういう勉強の仕方なので、意味が分からずに〈これはどういう意味なのだろう〉と一所懸命考えているうちにうとうとしてしまい、夢の中で〈これはこういう意味なのだ〉とはっと分かる。或いは夢の中で教えてくれる人が現れた、というような体験もしたのだと思います。

このような常人ではあり得ない読み方を繰り返して、藤樹の聖学を学ぶ学び方が確立されたのだと感じます。その手法が「捷径医筌」を書く時に活かされ、また『論語』の中で「郷党啓蒙翼伝」を読む時の姿勢に通じていると思います。年譜を編集した加藤盛一氏が「藤樹は訓詁学者ではないにもかかわらず、これほど精密に古今の書を渉猟し尽くしたのか」という感嘆の言葉を記しています。こういう勉学の仕方が、そのまま西晋一郎氏の言われる「藤樹は行者である。修行者である」という評価に繋がっていったのだと感じます。また、陽明学者として名高い安岡正篤先生も、質問に答える時、若い頃に学んだものがそのまま身体の中に浸み込んでいるのでいちいち調べ直しをしてから答えることはないと言っておられたということなので、藤樹の学び方と一脈相通じるものを感じます。

藤樹はおそらく色々な書籍を見る際に、本文はもとより注の部分を熟読玩味したのではないかと感じます。藤樹の著作物はみな綿密な考証を経て、それらを自分の血肉にして、その中の文言を一つ二つと引用することで、自分の学んだ内容がどういうものであるか自然と分かるような説明をしています。

そういう藤樹の学問の仕方が、『四書大全』に取り組むことで確立したのではないかと思う次第です。それがそのまま武士としての奉公のなかで、郡奉行としての業務を果たす際、農民が公事訴訟をする時に藤樹の顔を見る都度、「与右衛門さまに顔を合せ候と虚言は申されず候」（「藤樹先生補伝」）と、嘘をつけなくなると言ったほどの人格を持つに至っていると感ずる次第です。

論語・郷党啓蒙翼伝

私は一般財団法人中斎塾フォーラムで月に一回ずつ東京お茶の水と群馬県の太田で『論語』の講話を行っています。また、同じく月一回、福島県郡山でも『論語』の講話を行っています。三会場とも今はコロナ禍のためにズームでの講話を行っています。会場は出来うる限り三密を避けて、聴講者はマスクをし、話をする時にはフェイスシールドをしたり、机にアクリル板を立て、飛沫が飛ばないように配慮して講話をしています。また、毎週金曜日に緑村吟詠会鉄砲洲支部で吟詠を習っておりますが、吟詠を教わりつつその中で時々求めに応じて『論語』の講話をしています。基本的には、私の論語講話は全員で素読をします。私の解釈は『論語』の解説をしつつ、現代に置き換えた解説をするという内容です。

ですから私は『論語』にたいそう親しみを持っていますので、藤樹が『論語』を非常に詳しく読み込んで「論語郷党啓蒙翼伝」を書いたことは、とても嬉しく感じています。大変な内容だと思います。疑問が出れば次から次へその疑問を解くために資料を漁り、ヒントが出ればそれをもとにして源流を訪ね歩くという研究をしているので、いくら時間があっても足りなかったのではないかと思います。普通ですと、陽明学シリーズで取り上げた人物は何時ごろ起きて何時頃眠り、日中はどういうことをしたか、といったものが時間を追って説明されていることが多いのですが、藤樹はそういう具体的な日常行動について、少なくとも私が見るところ正確な記録が見あたりません。

この郷党篇は、孔子の日常行動を詳しく記述しているということで大変変わった篇です。朝廷に出た時にはどういう行動をしているか、孔子はどういうものを食べ、それはどういう選び方をしたか、着るものの着方はどうかといったことを細かく書き表しています。藤樹は孔子の行動について、何故そういう行動をとったのか、どんな目的があったのかを深く追求していま

郵 便 は が き

恐縮ですが
郵便切手を
お貼り下さい

167-0052

杉並区南荻窪一―二五―三

明徳出版社行

ふりがな 芳 名	年齢 才
住 所 〒	
メール アドレス	
職 業	電 話 ( )
お買い求めの書店名	このカードを前に出したことがありますか はじめて ( )回目

書　名

愛読者カード

ご購読ありがとうございます。このカードは永く保存して、新刊案内のご連絡を申し上げますので、何卒ご記入の上ご投函下さい。

この本の内容についてのご意見ご感想

紹　介　欄

本書をおすすめしたい方をご紹介下さい。ご案内を差しあげます。

「明徳出版社図書目録」を御希望の方に送呈します。

□ 希望する　　□ 希望しない

メールでご依頼頂いても結構です。

メールアドレス：info@meitokushuppan.co.jp

す。深く追求することによって、心の跡がどのように残っているかを見る努力をしたと感じます。
では、次に「藤樹先生年譜」と『藤樹先生全集　一』の原文を見て戴き、「論語郷党啓蒙翼伝」の内容に入ります。ただ、一部を抜粋して引用させて戴きます。

秋論語ヲ講ズ。郷黨ノ篇ニ至テ大ニ感得觸發アリ。是ニ於テ論語ノ解ヲ作ラント欲ス。先ヅ郷黨ノ篇ヨリ起テ先進ノ二三章ニ至ル。病苦ニサヘラレテ果サズ。后コノ解ヲ以テ心ニ合ザル處多シトス。

（「藤樹先生年譜」）

論語鄕黨啓蒙翼傳。

鄕黨第十

鄕黨一篇畫《キ》二出《シテ》夫子德光之影迹《ヲ》一以《テ》開下示《ス》所三以后學求《メ》二得《ル》聖心《ヲ》一之筌蹄《ヲ》上蓋《シ》明德本《ト》無方無體。無聲無臭《ナリ》。是《ヲ》以《テ》極《メ》二高明《ヲ》一道《ル》二中庸《ニ》一之聖心。不レ能《ハ》レ布《クコトヲ》二之方策《ニ》一。故《ニ》唯描《ニ》二畫《シテ》影迹《ヲ》一以《テ》寓《ス》二聖心《ヲ》於其《ノ》中《ニ》一學者宜《シクシ》《シ》下期《シテ》二至善《ヲ》一。而不《シテ》レ襲《ワ》二其《ノ》迹《ヲ》一得《テ》二聖心《ヲ》一以《テ》爲《ス》中師範《ト》上矣。

（『藤樹先生全集　一』）

郷党一篇夫子徳光の影迹を画き出して、以て後学聖心を求め得るの筌蹄を開示す。蓋し明徳本と無方無体無聲無臭なり。ここを以て高明を極め中庸に道るの聖心これを方策に布くこと能わず、故にただ影迹を描画して以て聖心をその中に寓す。学者宜しく至善を期してその迹を襲わず、聖心を得て以て師範となすべし。

「論語郷党啓蒙翼伝」の中で厩が火事になったという話を取り上げてみます。ここは普通の人はさらっと読み過ごすところであり、多少氣になってもあまり深く考えないで済ませてしまう部分です。ただ、藤樹はここで現実に生きる者の知恵、思いやりについて考えたようです。孔子がどうしてこういう行動をしたのかを考え、その結果、このような時に自分はどういう行動をとれば良いかを考えたのでしょう。この「論語郷党啓蒙翼伝」に一貫して言えることは、孔子がどのような目的でこういう行動をとったのかを追究し、自分自身に置き換えて、自分ならばどうすべきか、現代に置き換えたらどう考えればよいか、そういうテーマを持って読み続けたのだなという感じが致します。

人の事を尋ね、馬の事は尋ねなかった。馬の事を尋ねれば、当然馬が傷ついていることがあり得、そうなるとそれを管理する人間は何をしていたのかと聞くことになり、その人間の不始末を追究せねばならなくなる。不始末をしでかした人間が出る事を憂え、その人のことを慮っている。これは君主が民を愛し慈しむ心から見ると、あってはならぬ事だと考えて、馬の事を尋ねなかったのではないかと思います。

全体を見てみると、藤樹は孔子が何を考え、どういう発言をし、どのような行動をとっているか、そこを大変追及しているわけです。この「論語郷党啓蒙翼伝」は、繰り返しになりますが、孔子が朝廷でどのような動き方をし、どういう発言をし、更に自宅にいる時のくつろぎ方や食事の仕方、着る物の着方に至るまで、その時の状況に応じて一番良いと思われる方法を無意識のうちに選んで実行していると感じたようです。藤樹は今までの中国古典を入念に調べて、自分なりに納得する努力をしています。加藤盛一氏によれば、「病中涙ぐましいまでに事実の探究に向かって奮闘努力されていることが、歴々として眼前に浮かび来るものがある」と、大変難解な書物を読み込み、精読し、必要な部分を抜粋して書いていると言っています。これは藤樹の学問に対する態度が一貫したものであり、この「論語郷党啓蒙翼伝」も「捷径医筌」と同じく大変な努力をして書いたということが明らかになり、尚且つ、藤樹が孔子の「中」という考え方を得心し、「時なるかな時なるかな」という部分で、聖人は時中するということを強く感じた部分ではなかろうか、と感じる次第です。

王陽明

藤樹は年譜で、「陽明全集」を手に入れ、これを読んで大変啓発され嬉しい、その学問が大変進んだということを書いています。なぜ嬉しいかというと、藤樹は師匠がいませんから、独学で色々な書物を読み、注釈を読み、考えを深めていく。その繰り返しで自分の考え方を纏めていたわけです。弟子たちに、「私はこう思う」というだけでは済まない。師匠として弟子に話をする時には、自分がなぜ嬉しいのか、こういう氣持ちをきちんと体系立て、論理的に説明して初めて弟子も納得出来るわけです。自分自身の明確な考え方が他人に伝わっていくにはこういう過程を経ねばならない。この「陽明全集」の中で自分が長年分からずにいたものが解けたという喜びが入っています。それが三十七歳の時です。年譜ではこういう表現をしています。

正保元年甲申　先生三十七歳

是年始テ陽明全集ヲ求得タリ。コレヲ讀デ甚ダ觸發印証スル〆ノ多キ〆ヲ悦ブ。其学彌進ム。

（「藤樹先生年譜」『藤樹先生全集　五』）

三十七歳の時に「陽明全集」を手に入れて、味読をした。その結果、陽明学に開眼することが出来た。大変嬉しい。陽明学に開眼し悟りを得たということだと思います。今まで朱子学で進んできた藤樹が、「陽明全集」を読むことによって長年の疑問が解決されて嬉しくてたまらない。

その状況を四十一歳の時、亡くなる百五十日前に池田子に手紙を送っています。その中には、「天地自然のなす恵みであろうか、陽明全集が手に入り熟読玩味したところ長年の大きな疑問が明確に解決した。大変嬉しい。これは大いなる幸せである。この助けがなければ私は一生を無駄に過ごしたのではないかとさえ思う。王陽明という人が世の中に出て朱子の問題点を指摘し、孔子門下の正当なる学問の道を私に教えてくれたと感じている……」という内容のことが書かれています。

與《フ》㆓池田子《ニ》㆒

私事ふかく朱學を信じ年久しく工を用ひ申候へども入徳の効おぼつかなく御座候て、學術に疑出来、憤ひらけ難きおりふし、天道のめぐみにや陽明全集と申書わたり買取り熟讀仕候へバ、拙子疑の如く發明ども御座候て憤りひらけちと入徳の欛柄手ニ入申様に覺、一生の大幸言語道斷に候。此一助無二御座一候はゞ此生をむなしく可レ仕にと有難奉レ存候。面上に委御物語仕度とのみ存暮候。百年已前に王陽明と申先覚出レ世ニ、朱學ノ非を指點し、孔門嫡派ノ學術を發明めされ候。大學古本を信じ、致知ノ知を良知と解しめされ候。此發明によって開悟の様に覚へ申候。就レ其大學古本を主として、今ほど抄を仕かけ申候。もし出来いたし候はゞ其元へも下し可レ申覺悟に候。

（『藤樹先生全集 二』）

藤樹は、良知とは人間誰もが生まれた時から持っている特性だと言い切っています。藤樹は「致良知」を「良知に致《いた》る」と読み、陽明は「良知を致《いた》す」と読んでいます。「格物致知」で考えれば、朱子は「物に格《いた》り知を致す」と読み、陽明は「物を格《ただ》して知を致す」と読み、藤樹は「物を格《ただ》して知に致《いた》る」と読みます。格物致知の読み方はそれぞれがこれだけ違うということです。

藤樹にとって格物とは、五事を正して良知に致る。五事とは、貌（顔つき）・言（言葉づかい）・視（目つき）・聴（聞き方）・思（思い）で、この五つを正す努力をすることによって良知に致ることが出来る。これは人間が本来の徳に氣がついて努力をしていけば到達する境地であると考えているわけです。

私は『陽明学のすすめ』と題して十冊刊行したいと思っております。第一巻は王陽明の「抜本塞源論」をとりあげ、平成一七年に出版しています。王陽明については拙著をお読み戴ければ幸いですが、若干説明を致します。

拙著に書きました通り、王陽明は一四七二年浙江省の余姚に生まれ、一五二八年五十七歳で亡くなった儒学者です。明代の儒学を確立した人として著名であり、陽明は哲学者であり詩人であり書家であり教育者であり、また行政能力を有する高級官僚で、更に武功輝かしい軍人でもありました。所謂文武両道の人物です。日本の武家社会から見れば、王陽明は文武を兼ね備えた理想的人物に見えたと思います。ただ、武功を挙げたがために、妬まれ讒言されて左遷されるという人生を歩んでいるので、痛みも知っている人物です。

王陽明は左遷されたことによって「龍場の大悟」という悟りを得ることが出来ました。その時は嬉しくて嬉しくてたまらなくなり、小躍りをして手を振り足を上げ大声を出したという記録がありますので、人間は痛みを感じた時の方が、より深く人生を充実させていくことが出来るのであろうと思います。

陽明学は「良知の学問」であると言いますし、日本の儒学者は「頓悟の学問」と言います。

頓悟の学問とは、何も学問をせずに急にストンと何かを悟るというようなイメージで伝わることが多いのですが、それは違っています。やはり真剣に学問をして悩み、学び、深く思いを致す、その繰り返しの中で何かをきっかけにしてふっと悟る。大いなる疑問を持ってどうにもならずにジリジリしているところで、何かのきっかけではっと悟ることが出来る。そういう学問であると思います。

どうぞ詳しくは拙著『陽明学のすすめⅠ　経営講話「抜本塞源論」』をお読み下さい。

著書

捷径医筌

「捷径医筌」は医学書です。藤樹に関する様々な学術書籍は相当数ありますが、皆、学問的な視点からその思想哲学教育等について書かれているものばかりで、「捷径医筌」の内容について詳しく書いてあるものは残念ながら見つけることが出来ませんでした。『藤樹先生全集 四』の分厚い一冊がほとんど「捷径医筌」でした。他の記述は「神方奇術」でしたが、私は医学に関しては素人なので、その内容について書くことは出来ませんが、通読してみると、現代にも通じるような言葉が散見されました。藤樹の時代、一般の人が医者に頼る疾患について、普通の病氣から伝染病や精神的な疾患等に至るまで、悉く記述したのではないかと思う内容です。基礎医学から内科・外科・婦人科・小児科、漢方について書かれており、漢方は本草学や薬物調剤、灸法等について書かれていると感じました。素人の私の眼にとまったものが色々ありましたので、それらを列記してみます。

例えば、中風です。これは脳溢血として書かれています。他に、マラリア、コレラ、赤痢、痘瘡、精神的な疾患でうつ病がありました。また、藤樹本人が一生涯苦しめられて命も落とした喘息についても書かれており、他にも黄疸、脚氣、糖尿病、更に淋病や梅毒がありました。当然のことながら藤樹自体は本人が医術をもって世に出たのではないため、中国の医学書など手に入るものすべてを手に入れ、何度も読み込んで自分なりに納得いくものをまとめたのだと感じます。ただ、自分で患者を看ているわけではないので、医学書にある患者の病歴を例にあげて書いてあるのであろうと思います。

驚くことは大野了佐ただ一人を教育するためにこの「捷径医筌」は書かれました。大野了佐が医者として世に立つためには色々な事を患者から聞かれるだろうから、その時役に立つようにと必死になってテキストを作ったのだと感じます。その膨大なエネルギーはどこから来たのかと思わざるを得ません。具体的なことは五八頁の「鈍才教育」をご覧下さい。

「捷径医筌」については加藤盛一氏が解説していますが、やはりご自分も門外漢なので日本と漢方の医学史について非常に造詣の深い廖温仁博士に解説・解題をお願いしたところ快く受けてくれ、藤樹が参考にした書籍を類推して書き出したとあります。

私は、この医学的な内容・価値に関しては分かりませんが、膨大な医書を読んだのだということだけは通じたので、少々長いですが、現代でも分かると感じる部分を抜粋引用させて戴きます。これにより私は、藤樹の「捷径医筌」に対する情熱・労力を垣間知ることが出来ました。

更に付言すると、日本の医書では当時最先端とされた曲直瀬道三の医術書を参考にしています。曲直瀬道三は戦国時代、正親町親王を初め将軍足利義輝や毛利元就、織田信長等々数多の戦国武将の主治医的存在であったと言われています。

中江藤樹の研究については第一人者と言われる加藤盛一氏であっても、藤樹が書いた「捷径医筌」の医学的内容については医学の専門家に協力依頼をしました。ただ、人間の喜怒哀楽をよく観察して表面に現われたものを見れば、その内面に潜む精神的な問題、更には肉体的な問題をあわせてよく見、その本質を見抜き結論を出すという態度がよく見える、という内容の解説をしています。自分では医学は門外漢なので、日本と中国の医学史の研究について造詣の深い廖温仁博士に依頼し、全面的に藤樹が調べ研究をした医学書について、どんな医学書を調べたのか、そしてどういう内容を書いたのか、現代に通じるような解説をして戴きたいと頼んだところ、有難いことに快諾をしてもらったという内容の文章を書いています。

まず、その文章に目を通して戴いて、その次に「捷径医筌」の内容に入ります。「捷径医筌」の内容については、廖温仁博士が解題として書いたものを抜粋して紹介させて戴きます。もとは相当分厚いものだと類推して戴ければ幸いです。

加藤盛一氏ではありませんが、私も医学については分かりませんので、一般財団法人中斎塾フォーラム東京フォーラム会員であり医師の清水昭先生に「捷径医筌」の項目について目を通して戴きたいとお願いしたところ、御自分で眼を通して貴重な御助言を戴き、更に清水先生から、漢方に極めて造詣の深い修琴堂大塚医院院長・慶應義塾大學醫学部客員教授の渡辺賢治先生にも確認して戴き度いと依頼し、御了承戴いたとの事でございました。その結果、コメントがございましたので注として書かせて戴きました。従いまして医学的な視点でのチェックもなされていると思ってお読み戴きたいと存じます。

凡例

一、岡田季誠氏は氏の修したる全集の資料全體を論理的に排列し、而して單一の篇目と定形の編述とを區別して、例へば經解に對して經解成書の目を立てたり。唯醫書にありては定形の編述のみにして單一の篇目なき爲にや、全書岡田氏本目録にありては、醫書とのみ題して成書の名を示さず。今本全集にありては第二十二巻より第三十四巻に至るまでを新に倭文心學成書と呼べるが如く、醫書の全體を呼ぶに新に醫學成書の名を以てせり。是れ全書岡田氏本の編次の大同を襲用しながら、茲に其の小異を立てたる所以なり。

一、醫學を研究したる藤樹先生に在りては、形而上學的の考察をなすに當りても、常に其の影響を受けられたるもの多きは、固より其の所なり。例へば經解格物致知の條下にも素問を引きて、

恬澹虛無。眞氣從レ之。精神内守。病安從來。飲食有レ節。起居有レ常。不二妄作勞一。所二以脩レ命以養一レ性也。（巻之一第四葉）

とし其の他醫書の部分に在りても、各條病名の下にある「論」と題する項を讀む時、常に此等の問題に逢著すべし。

何れも性命・眞元を正養する方法を飲食起居若くは心・腎・膽の如き形而下の節制に求めたるを見るべし。卽ち先生は常に形而上のことを考察すると共に形而下のことを忘れず、能く兩者を結合して、人生を全體的に洞察せられたるを知るべし。

一、編者は醫學の方面に於ては全く門外漢なり。而も本編に在りても他編の例に倣ひて解題を附せざるべからず。是に於て和漢醫學史の研究に於て造詣深き醫學博士廖温仁君を其の寓居に訪ひて之が解題を寄稿せられんことを懇請したるに、博士は言下に之を快諾し且つ月を踰ゆることなくして能く長文の解題を作製し、以て編者に寄せられたり。博士は臺灣臺南州虎尾郡西螺街の産にして夙に東北帝國大學醫學部に學び、卒業の後轉じて京都

帝國大學文學部に入りて史學を專攻し、業を畢へて更に京都帝國大學大學院に入り、曩に「東洋に於ける脚氣病の醫史學的研究」其の他の浩瀚なる論文を提出して、學位を授與せられたる篤學の士なり。數百年の後に在りて數百年前藤樹先生が參考したる諸種の醫學書類を推測し之が系統を闡明せらる。此等を豫備知識として更に精究すれば、當時我が國に行はれたる和漢の醫書の種類をも究明する資に供するを得べく、更に藤樹先生が獨學を以て斯の如き方面の研究にも特別の地歩を占め得たる豊富なる學者的天分をも窺知するに足るべく、啻に編者の滿悅と感謝とに値するのみならんや。茲に謹みて敬謝の微忱を表すると共に左に同博士の研究論文を附戴して、研究の讀出を刮目して待つの資に供す。

加藤盛一　謹識

（『藤樹先生全集　四』）

解題

先生の撰述せられたる醫書にして今日殘存せるものは「捷徑醫筌」及び「神方奇術」のみなり。年譜に據れば寛永十五年（西紀一六三八年）即ち先生が三十一歳の時、魯鈍を以て定評ある大野了佐一人の爲に態々「捷徑醫筌」と云ふ浩瀚なる教科書を編述せられし事誠に豫想外に偉大なりと謂ふべし。

西紀一六四三年先生三十六歳の時、山田森村氏の爲めに「小醫南針」を撰述して教育されたり。

西紀一六四四年山田森村氏の爲めに更に「神方奇術」を撰述す。尚ほ先生が編述せられたる醫書にして全部を亡失したるものは「日用要方」なり。

捷徑醫筌（巻之首）

本巻には方目録・診脉體要・灸法の三編を載す。附録には「小醫南針中巻之内病機」として傷寒・中風・感冒・瘟疫・中濕・瘧疾・痢疾・附方の數項を載す。

方目録は、疾病に關する治療の處方を纏めたるものにして、診脉體要は寸關尺定位・臓腑定位・診脉輕重法・三部九候・男女脉辨・七診法　臓腑診法・五臓平脉・四時胃氣・診脉八要・七表八裏・九道脉名・七表八裏總歸四脉等の條項を分けて所説を敍述せり。

灸法は「千金方」「外台秘要方」等の唐代の古典醫書を始めとし、唐宋元明の醫書中に記述せる灸法を引用して作りしもの丶如し。

藤樹先生は先づ「捷徑醫筌」を作りし後「小醫南針」を撰びたり。「小醫南針」の中の傷寒・中風・濕症・瘧疾・痢疾等の如きは「捷徑醫筌」の中に載せられたるものよりも勝れたるものなれば、巻之首末尾跋文に見ゆるが如く、明暦元年（西紀一六五五年）の板行者が特に茲に附載したるものなりと謂ふ。

傷寒を論ずる條項を見れば宋・金・元・明時代の傷寒論の著述を參考して作りしものなるを知るべし。其の論説中の「汗・吐・下・溫解治法」なる條下より見れば、金元時代の四大家（劉河間、張子和、李東垣、朱丹溪）の一人たる張子和の學説を祖述せしものなることを知るべし。

張仲景の「傷寒論」に擧ぐる所のものは單純の熱病にあらずして、其中に流行傳染性の熱病をも包含せしめし事は仲景の自序に明かに之を述べたり。又「後漢書」に據れば西紀一七一年より　西紀一七九年に至る八年間に大疫流行三回あり。彼の呉の孫權が合淝城を圍める時にも疫疾流行して士卒多く死亡せりと記せる所より見れば、正に仲景自序と相應じて其傷寒と云ふものが單に熱病にあらずして、傳染性疾病なりし事を推知し得べきなり。西晉の王叔和に至り張仲景の「傷寒論」を解して、冬季の寒冷に傷ぶらるゝものを傷寒となし、非時の氣に感ずるものを以て時行氣となし、以て兩者を區別せんとした。

明代の醫書に據れば、傷寒は天地の常氣に感じて起り、瘟疫は天地の厲氣に感じて傳染するものなりと主張し、瘟疫の多き事は傷寒より百倍なる事を説けり。

藤樹先生も中風なる病症に非常に重きを置きたりしが故に、茲には傷寒の次に配列せり。而かも巻之三十七の「捷徑醫筌」巻之二の（本）には傷寒の前、卽ち巻頭に配列せる所より見れば支那歴代の古典醫書に依據して作りしものなる事を知るべし。

支那の唐宋時代の古典醫書に據れば、中風なる病症は其の證候の異るに依りて眞中風・類中風・中臓・中腑・中經・中絡・中氣・中血・中痰の區別あり。

近世西洋醫學の輸入に依りて、中風を以て脳溢血となしたり。

瘟疫。明代の醫家戴原禮及び呉又可（注1）等の説に據れば、瘟疫と傷寒とは霄壌の懸隔あり。傷寒とは天地の常氣に感じて起るものにして、人に傳染せず。瘟疫は天地の厲氣に感じて生ずるものにして、傳染するを以て相同じからずとなせり。これ傷寒と瘟疫とを區別して二病となすの説なり。

藤樹先生の「小醫南針」の内にも傷寒と瘟疫とを別々に分けて二つの疾病として記述せられし所より見れば明代の醫書に依據して作りしものなることを知るべし。

中濕とは、今日の醫家が謂ふ所の間歇熱《マラリア》（注2）なるべし。

藤樹先生の「小醫南針」に瘟疫と瘧疾とを分けて各々一個の病名として記述せる所より

見ればよく明代及び其の以前の古典醫書を詮索して作りしものなる事を知るべし。斯く先生は實地に醫業を行ふ醫師にあらざりしも、其の疾病分類の記載は極めて精細なることを見るべし。

痢疾。是れ後世に謂ふ所の痢疾卽ち今日の赤痢の症に近きものなるべし。

捷徑醫筌（巻之二）

本巻には「本草總括」及び「本草分類」の二篇を載す。「本草總括」は主として本草の氣味及び其の効能を述べ、併せて藥の製法をも叙述せり。次に藥品の禁忌すべき事を論述し、又五臟六腑に關する補藥を述べ、終わりに各疾病の對症療法に關する處方を記載せり。

本草分類は治風門・治熱門・治濕門・治燥門・治寒門・治瘡門の部門に分類して述べ、各部門に屬する藥を記入し其藥の産地・氣味及び主治効能等を叙述したり。こは主として宋金元明時代の本草學卽ち「大觀本草」「證類本草」「本草衍義」「湯液本草」「日用本草」「本草發揮」「救荒本草」「食物本草」「本草會編」「食鑑本草」「本草集要」「本草蒙筌」「本草綱目」「本草徑疏」「本草乗雅」等を參考して作りしものなるべし。

捷徑醫筌（巻之二本末）

本巻の（本）には中風・傷寒・傷風・中寒・瘟疫・瘴氣・蟲毒・傷暑・濕症・積熱・痼冷・内傷・欝症・痰飲・咳嗽・喘證・哮吼・斑疹・赤白遊風・瘧疾・痢疾・泄瀉・霍亂・發砂・青筋・嘔吐・惡心・翻胃・飽逆・曖氣の疾病を載す。各疾病の條下には論説（卽ち病理及び原因等）及び其の脈の症状を述べ、治療法の處方を詳細に記述し、又其の對症療法を叙述せり。

藤樹先生が内傷なる論説を立てたるは主に李東垣の「内外傷辨惑論」に依據して更に虞搏の「醫學正傳」及び徐用誠の「玉機微義」等を參考して作りしものなるを知るべし。

欝症。欝に氣欝・血欝・濕欝・熱欝・痰欝・食欝の六證あれども欝は氣に屬して、事遂げざれば卽ち悶悶然として氣伸びずして欝す。故に感遇する所に隨って病みて六證を生ずれども、皆氣欝に依りて致す所なりとは日本の曲直瀬道三（西紀一五〇七―一五九五の人）が天正二年（西紀一五七四年）の十一月に刊行したる「啓廸集」に説く所なり。

藤樹先生が欝症に關する論説を見るに、元代の朱震亨の撰びたる「丹溪纂要」及び日本の曲直瀬道三の撰びたる「啓廸集」「雲陣夜話」「道三切紙」等を參考して作りしものなる事を知るべし。

捷徑醫筌（巻之三本末）

本巻の（本）には遺精・淋閉・遺尿・小便閉・大便秘・大小便秘・關格。脱肛・諸虫・捕益・養老・勞瘵・失血・吐血・衄血・咳血・咯血・嘔血・唾血・溺血・便血・自汗・盜汗・發熱の諸症を載す。各病症の條下には、先づ其の脈の症状を述べ、次に其病理及び原因等を論じ、終りに治療法の處方を詳細に記述し、又其の對症療法をも叙述せり。此等の病症の中、今日にて云へば單に病の一症候を云ふものにして、今日使ふ所の病名にあらざるもの頗る多し。

次に本巻の（末）には、惡熱・惡寒・厥・虛煩・邪祟・中惡・五絶・眼目・頭痛・唇病・面病・耳病・鼻病・口病・舌病・牙齒・咽喉・聲啞・心痛・腹痛・腰痛・脇痛・臂痛・肩背痛・眩暈・痲木・痓病・癲疾・狂疾・五癇・健忘・怔忡・驚悸・不寐・梅核氣の諸症を載す。此等の諸症は主として眼科・口腔及び耳・鼻・咽喉科等の諸症を集めて說きたるものなり。此等は主として隋唐時代の「病源候論」「千金方」「外台秘要方」、宋代の「聖惠方」「聖濟總録」「濟生方」「三因方」、金元の「宣明方論」「醫學啓源」「儒門事親」「醫學發明」、明代の「赤水元珠」「玉機微義」「醫學正傳」「醫宗必讀」及び「景岳全書」等を參考して作りしものなるべし。此等の病症は今日にて云へば單に病の症候を云ふものにして、現に使用せざる病名頗る多し。

捷徑醫筌（巻之四本末）

本巻の（本）には主に婦人科の諸症を載す。經病・虚勞・崩漏・帯下・求嗣・姙娠・産育・産後・乳病・婦人雜病を載す。此等は主として宋代の陳自明の撰びたる「婦人大全良方」及び某氏の「産育寶慶方」に依據して作りたるものなるべし。

藤樹先生が以上列擧したる諸症を敍述するには産科婦人科の專門書以外の一般醫書卽ち孫一奎の撰びたる「赤水元珠」徐用誠の撰びたる「玉機徵義」王肯堂の撰びたる「證治準繩」及び張介賓の撰びたる「景岳全書」等をも參考したりしならん。

本巻の（末）には幼科卽ち小兒科の諸症を載す。卽ち察視總論・死症・急驚・慢驚・疳疾・癖疾・諸熱・感冒・痰喘・泄瀉・痢疾・瘧疾・傷食・小兒初生・初生雜病・臍風・龜胸・龜背・項軟・手軟・行遲・語遲・齒遲・髪遲・夜啼・口舌・牙病・喉痺・耳病・眼病・頭瘡・疝氣・脱肛・自汗・虫瘡・丹毒・發斑・痘症・麻疹及び小兒諸方を載す。

藤樹先生は此等の諸症を撰述するには、主に宋代の錢乙の撰びたる「嬰孩論」陳文中の撰びたる「小兒病方」金元時代の李東垣の撰びたる「保嬰集」曾世榮の撰びたる「活幼心書」沈好問の「痘疹啓微」朱震亨の撰びたる「丹溪治痘要法」明代の薛鎧の撰びたる「保嬰撮要」薛己の「保嬰粹要」「陳氏小兒痘疹方」陳會の「神嬰經」馮國鎭の「幼幼大全」「痘疹規要」翟良の「痘疹全書」等に依據して作りしものなるが、其他小兒科の專門書以外の一般醫書をも參考したりしならんと察せらる。

「聖濟總錄」痘瘡の原因を論ずる事、前代諸家の說に異なるものありて痘瘡は胎毒に依りて起るものなりとなしたり。胎毒とは、小兒が胎胞に在る時に受くる所の穢毒の氣を云ふものにして、陳氏の「痘疹論」に至りて、其說は更に詳細を加へたり。小兒の痘瘡を患ふるは胎中にありて、穢毒を母より受けたるに因るとなせり。藤樹先生が痘瘡の論說を說くには以上列擧したる唐宋元明の諸家の著述中にある說を參考して作りしものなるべし。

捷徑醫筌（巻之五）

本巻には主に外科の諸症を載す。卽ち癰疽・瘰癧・結核・癭・瘤・肺痿・肺癰・心漏・疔瘡・便毒・下疳・楊梅瘡・臁瘡・疹瘡・癬瘡・瘑瘡・大麻風・痔漏・懸癰・腋氣・折傷・金瘡・破傷風・湯火傷・蟲獸傷・中毒・骨鯁・膏藥・通治・拾遺を載す。此等の諸症を見るに、大部分は外科に屬すれども、中には皮膚科又は花柳科に屬するものも有り。當時は皮膚科及び花柳科も外科の部門に屬せしならんと察せらる。

楊梅瘡。明代の汪石山の撰びたる「石山醫案」に楊梅瘡の病症五例記載せらる。現代の醫家は古の楊梅瘡とは今日の梅毒なりと謂ふ。藤樹先生の「捷徑醫筌」に楊梅瘡の名目を立てたるは恐らくは此の「石山醫案」に依據したりしならんと察せらる。然れども先生は單に楊梅瘡に對する治療法の處方及び其の對症療法を敍述せしのみにて、其の原因及び病理の論説を少しも記載せざりしなり。こは如何なる理由なるかと云ふに、梅毒は明代の中葉頃に始めて支那に入りて流行したるものなれば、當時梅毒に關する病理の論説未だ發達せざりしが故なり。

梅毒が日本に傳はりてより約六十年、卽ち元龜二年（西紀一五七一年）に、當時醫家の巨擘と稱せられたる曲直瀬道三の撰びたる「啓廸集」には便毒と楊梅瘡との證治を論じたれども、便毒は楊梅瘡と異れるを論じたり。その楊梅瘡を論ずるや其の病理及び原因を詳述せず。

藤樹先生の「捷徑醫筌」にも便毒と楊梅瘡とを異れる病症となし別々に記述せる所より見れば、曲直瀬道三の「啓廸集」をも參考して作りしものならんと察せらるゝなり。蓋し當時日本にては多くの學者、便毒・下疳・楊梅瘡の三症を同一のものとなし只毒氣の輕重淺深あるのみと考へたり。藤樹先生は此等の説を取らず、獨り醫門の大家たる曲直瀬道三の説を祖述せしならんと考へらる。是を以て見ても先生が醫筌を撰述するに其の材料及び參考書の取捨宜しきを得たるものあるを知るべし。

神方奇術

本巻には「補中益氣湯」「十全大補湯」「六味地黄丸」「二陳湯」の四篇を載す。各篇に擧げたる種々の疾病は「捷徑醫筌」に記載せる疾病と殆ど同一のものにして、各疾病の治療法の處方及び其の病症の對症療法を詳細に記述せるを見るべし。尚ほ各篇には多くの病歴の例を擧げたり。卽ち「補中益氣湯」の篇には四十九例の病歴「十全大補湯」には十九例「六味地黄丸」には二十二例「二陳湯」には四例の病歴を記載せり。案ずるに藤樹先生は醫業を行ふ醫人にあらざりしが故に此等の數多の病歴の例は自分にて親試實驗して書きしものにあらずして、當時醫業を行へる有名なる醫家の實驗したる患者の病歴を例題として採用して記述せしものなる事を推知すべし。

中江藤樹先生全集の刊行に當り、其の編纂主任たる文學士加藤盛一君余の寓宅を訪ひて、全集中の醫書の部分の解題寄稿を余に囑せらる。余は余の菲才固より其の任に非ざるを知れども、主任の盛囑辭し難きものあり。乃ち箇單に卑見を叙述して解題に代ふるのみ。

昭和三年十一月一日

醫學博士醫學士文學士　廖溫仁謹識

（『藤樹先生全集　四』より抜粋）

（注1）呉有性（呉又可）（1592—1672）が最初に温病を唱えたので、当時としては最先端の概念だったと思います。ただし、温疫が伝染して、傷寒が伝染しないというのは誤解で、傷寒も伝染病です。

（注2）マラリアは通常「瘧」（ぎゃく、またはおこり）と呼んでいます。

鑑草

「鑑草」は、藤樹が三十六、七歳の時に書き溜めておいたもので、日本で初めて女性のために書かれた教育書です。輪廻転生・因果応報という仏教の考えを中心にして、良い事をすれば良い報いがあり、悪い事をすれば悪い報いがあるという勧善懲悪の考え方を色々な事例で説明しています。

根本的なところは、人は誰しも明徳な仏性という人間に与えられている素晴らしい宝がある。子供のことを真に愛するのであれば、この宝である明徳仏性をきちんと教えねばならない。世の中でいう富貴・地位・名誉、これらは宝ではあるが、一段落ちるものであると説いています。

ここで言う明徳仏性を身に付けた人物で、「鑑草」の説話でも紹介されている程顥の作った詩がありますので、御覧下さい。

秋日偶成　宋　程顥《ていこう》（伯淳）

閑来事として従容たらざるは無し
睡覚むれば東窓日已《すで》に紅なり
万物静観すれば皆自得す
四時の佳興人と同じ
道は通ず天地有形の外《ほか》
思は入る風雲変態の中《うち》
富貴も淫せず貧賤も楽しむ
男児此に到らば是れ豪雄

このように、誰もが陥ってしまう私利私欲、名誉や地位への欲求などを、さらっと通り過ぎてしまうような人生の過ごし方が大変素晴らしいものであると私も感じます。

なお、「鑑草」が出版された時に池田与平に書簡を出しています。その中で藤樹は「女中方の勧戒にと、迪吉録のぬき書きに評判を書きたる書を鑑草と題し、前かどより御ざ候」と書いています。この経緯は、「翁問答」の原稿を藤樹に黙って手に入れ出版してしまった出版社が、せっかく出版した本が販売出来ないのであれば代わりに何か原稿を下さいと言ったようです。それに対してたまたま手元にあった「鑑草」の原稿を渡したということです。

『藤樹先生全集 五』にこの間の経緯が載っています。また『藤樹先生全集 二』には、その内容についてまた細かく書いてあります。

先生四十歳

秋鑑草刊行。先生嘗翁問答兩部ヲ著ス。然レ共學日ニ進ニ至テ、此問答愈其心ニ叶ハズ、改正ノ志有ケレバ、博ク門人ニダニ授ケ玉ワズ。然ルニ癸未ノ年梓人ノ手ニモレテ既ニ梓ニチリバメシヲ幸ニ早ク知テ是ヲ破ル。板屋迷恐ナルヨシヲ再三歎クニ依テ損ヲツクノヒ

ニトテ女中方ノ勧戒爲ニ嘗テ著シ置玉フ書ヲ鑑草ト題シ彼ニ授ク（中村氏本）

（『藤樹先生全集　五』）

當代世間のまよひをわきまへたる議論をあつめ翁問答と題し、同志の提撕に仕候を京にぬすみいだし、板にほりかけ申を見つけ、いろ〱ことはりを仕り板をやぶり申候。其故ハまへから書申候ものにて候へバ、われら氣ニ不レ入處あまた御座候。かきなをし可レ申覺悟に御座候故に候。此故其元へも不レ遣候中やぶり申板やそんまいり候て迷惑仕旨ことわり申候ニ付、女中方ノ勧戒にと、迪吉録のぬき書きに評判をかきたる書を鑑草と題し前かどより御ざ候を、かのそんのつぐのひに板行仕らせ申候。いまだ京にてはひろくうり不レ申候。御なぐさみにと一部おくり進候。御覧可レ被レ成候。故事は迪吉録・三綱行實などのぬき書、評は鄙夫の愚案にて御座候。

（『藤樹先生全集　二　「與池田子」』）

「鑑草」の中身に入ります。まず、序がありました。序もかなり長い文章なので、最後に載っている梁の武帝と達磨大師の関係について書いてある所を紹介します。序文は『藤樹先生全集　三』よりとっています。この後は原文、訳、説話と進みますが、訳は『現代語新訳　鑑草』と書かれている関西外大教員養成研究会・鑑草輪読会の学生の皆さん方によって出来た現代語訳を掲載させて戴きました。こちらも「鑑草」全体の中から紹介しようと思う部分を抽出していますので御了解下さい。

なお、「鑑草」は今の時代で見ると、何と荒唐無稽な話を書いているものかと感じる説話が多くありますが、江戸時代の庶民には大変好評で、今で言うベストセラーになったということです。相当このような書物が珍しく、且つ実際の役に立ったということではないかと感じます。

むかし梁《りやう》の武帝《ぶてい》達磨《だるま》大師《だいし》にとふていはく、我位につきてよりこのかた寺《てら》をつくり經《きやう》を寫《うつ》し僧《そう》を度《ど》する事其數《そのかず》をしらず。いか程の功徳《くどく》あるべきや。達磨こたへて、それはたゞ人天《にんてん》の小果《せうくわ》、有漏《うろ》の因《いん》にして影《かげ》の形《かたち》にしたがふがごとく有といへ共眞実《しんじつ》にあらず、少も功徳なき事なり、たゞ浄知妙圓《じやうちめうゑん》の修行、功徳無上《くどくむじやう》なりといへり。武帝有爲の善根におぼれ、天下の財をついやし萬民をくるしましめ地獄の業を積《つみ》て佛果を求めらるゝ迷ひを、達磨《だるま》大師あはれび給ひ、教誨親切《けうけしんせつ》なりといへども、武帝習心《しうしん》に蔽《おほは》れ、さとる事あたはず。いよ〳〵有爲の善根にふけり、万民をくるしめらるゝによつて、天下大にみだれ、終《つゐ》にかつへ死なれけり。現在《げんざい》の果を見て過去未來《くわこみらい》を知なれば、後生の有様もさこそと哀《あはれ》にあさまし。前者《ぜんしや》のくつがへるは後車《こうしや》の戒《いまし》めなれば佛道修行の人よく〳〵かゞみて用心《ようじん》あるべき事なり。

（『藤樹先生全集　三』）

（訳）昔、中国の梁の国の武帝が達磨大使《だるまたいし》に尋ねていうことには、『私がこの地位についてからというもの、寺院を建て、写経をし、俗人を僧にするなど、数々の善行を重ねてきました。それに対してどれほどの報いがあるのでしょうか。』達磨が答えるのに、『それはこの世の中だけのささやかな善行、煩悩の業因にすぎない。影が形に従うようなものであるといっても、それは決して真実の善行ではない。だから、少しの報いもないのである。ただ、浄知妙圓の修行だけが無上の功徳をもたらすのである。』と言いました。武帝が、形あるこの世かぎりの善行に溺れ、国の財産を浪費し、万民を苦しめ、地獄のような行ないを重ねながらも、成仏を求めようとして迷っているさまを見て、達磨大師は哀れに思われました。しかし苦しむ者を仏道に導く教えが親切であるといっても、武帝の心はそれまで身についたものでおおわれていましたから、理解することができなかったのです。武帝は、ますますはかない形ばかりの善行に夢中になり、万民を苦しめる行ないをしたので、国は大変乱れ、武帝とうとう飢え死にしました。生きているときの報いを見れば、前世や来世の報いがわかるので、来世のありさまもそのようなものであろうと想像してみれば、哀れで嘆かわしく思います。前車が倒れるということは、後に続く車に対する戒めですから、仏の道に入り、修行をする人は、よく手本に照らし合わせてじっくり考えるべきです。」

（『現代語新訳　鑑草』）

「鑑草」は八つのテーマに分かれています。

一、孝逆之報《こうぎゃくのむくい》…孝は親孝行であり、親孝行する者には幸福が訪れ、親不孝者には天罰が下る。

二、守節背夫《しゅせつはいふ》之報…夫一人を守り抜き、浮氣はしない。夫が亡くなった後はすぐ他の男に走らない。

三、不嫉妬毒《ふしつとどく》之報…妬まない、やきもちをやかない。

四、教子報《きょうしほう》…子供に道を教えて、子供が本来持っている明徳仏性という宝を自覚させる。明徳仏性の宝を自覚する子供は素晴らしい人生を送れるが、自覚しない人が地位や名誉や財産を得た場合、自分自身がとても苦しんで、最後は死んでしまう。だから、明徳仏性を自覚させるよう親は努力をせねばならない。

五、慈残報《じざんほう》…慈は慈しみであり、自分の腹を痛めた子ではない継子を育てる場合は、実の子同様に愛し、育てねばならない。

六、仁虐報《じんぎゃくほう》…誰に対しても慈悲深く、情け深く行動せねばならない。それが仁であり、厳しく容赦なく人に対応することを虐という。

七、淑睦報《しゅくぼくほう》…夫の親族に対して親しみをもって誠実に付き合っていかねばならない。そうすれば夫の一族も親しみで返してくるもので、少しでも反感を持つと、それが自分自身に返って来る。

八、廉貪報《れんどんほう》…廉はむさぼらない、貪はむさぼる。人にあげようが自分の財産にしようが、貪る心がない廉の状況であれば、天道にかなっているから良い報いがある。逆に貪であれば何をしようがすべて自分の私利私欲から出ることなので、その行いは天道にかなっていないから悪い報いが返って来る。

「鑑草」の八つのテーマの中で、「不嫉妬毒之報」と「慈残報」について少し申し上げます。「不嫉妬毒之報」は、安岡正篤先生の講話の中に、人が怒り狂っている時はコブラよりも強い毒を吐き出すという実験をアメリカの科学者が実証した、という一節がありました。人間が吐く息をマイナス二百十二度の冷却装置で液化してモルモットになめさせたところ、モルモットは即死んでしまったそうです。相手を狂うほど恨むような客氣があると、それは人をも殺してしまうし、自分も死んでしまうということです。

次に、「慈残報」は私の母親の話です。私の母は幼くして実の母親を亡くしました。その後、父親が再婚し、まさという継母に育てられました。まさは皆賢（母の父）に嫁ぐにあたって自分の父親から、「自分は一生子供を産まないという決心をして、前妻さんの子供を愛情を持って育てなければならんよ」と言い聞かせられたそうです。現実には、まさはその後、男四人、女三人を生み一生懸命育てたわけですが、子供が生まれるたびに両親から「前の奥さんの子を自分の子供よりも大事にして育てなさい」と強く言われたということです。私の母親は九十七歳で亡くなりましたが、晩年、育ての母が自分を大事に厳しく躾けてくれたので良い人生を送ることが出来たと述懐していました。したがって「慈残報」の教えは、私の母親の事例のように、自分の実の子供以上に愛情を注ぎ込むと世の中に理解され実践されていると感じます。

巻之一　孝逆之報《こうぎゃくのむくい》

（原文）孝は孝行なり。逆は不孝なり。孝行なる人には、天道福をあたへ、不孝なる人には天罰をくだし給ふを報といふなり。女は夫の家を我家とし、夫婦一体の理りなるゆへに夫の父母をわが父母とし、我父母を大せつに思ふ心をうつして、夫と一味に孝を盡すを婦人の孝行とす。此孝をよくおこなひ誠ある人は、天道これをたすけめぐみ給ふゆへに、人も又これを愛敬す。しかのみならず百福のあつまるところにして、子孫これによって繁昌す。

（『藤樹先生全集　三』）

〔（訳）孝とは孝行のことであり、逆は不孝である。神が、孝行な人に対して幸福をお与えになり、孝行でない人には天罰をお下しになることを報いという。女性は夫の家を自分の家とし、夫婦は一身同体であるというのが道理であるから、夫の父母を自分の父母と考えて、実家の両親を大切に思うのと同じように、夫の両親も大切に思い、夫と心を一つにして親を大切にすることを、女性の孝行とする。こういった孝行をし、誠実な人を、神が助けて恵みをお与えになるので、世の人々もこのような人をいつくしみ大切にする。そればかりでなく、たくさんの幸福が集まり、子孫は、これによって繁栄する。〕

（『現代語新訳　鑑草』）

「孝逆之報」は嫁の立場について書いてあり、十一の話が載っています。全部紹介することは出来ませんので、その中で一話ご紹介致します。

常州という村に、母と息子夫婦三人の百姓の一家が住んでいました。息子夫婦は大変親孝行で、よく母親の面倒をみていました。母親は高齢になって、だんだん目が見えなくなってしまいました。歳をとるとトイレが近くなり、時々間に合わずに粗相をしてしまうことが多々あるので、年寄りにはおまるを用意することが普通でした。或る日、嫁がご飯を炊いている最中に夫に呼ばれて田んぼに行かなければならなくなり、姑に頼んで出かけたところ、目の見えない姑は炊きあがったご飯をお櫃と間違えておまるにうつしてしまいました。帰って来た嫁はその様子を見て、何も言わずに、おまるの中のきれいなご飯を姑に差し上げ、その次に汚れていない所を夫に食べさせ、自分は臭くて汚いところを食べました。

嫁が親孝行を尽くしている姿を天が見ていたのでしょう。一天にわかにかき曇り、嫁は何処かに連れて行かれる感覚がして、氣がつくと近くの林の中にいました。どうしたことかと思いながら自宅に帰ると、懐に小さな布袋が入っており、開けてみるとお米が三、四升ほど入っていたということです。嫁はその米を精米し、家族に食べさせました。翌日、空っぽになっていた袋に、またお米が三、四升入っていました。これは天が嫁の孝行の氣持ちを愛でて、お米をご褒美であげたわけでしょう。その後も同じように袋にお米が入っているので、一家はずっと栄えたという話です。

今考えればそんな馬鹿なということでしょうが、江戸時代「鑑草」はベストセラーでした。女性や嫁の立場について大変分かりやすく色々な話を載せて、このように孝行すると良いことがあるという事例を紹介しています。

巻之二　守節背夫報《しゅせつはいふのむくい》

（原文）守節はせつをまもるとよむ。女の心いさぎよく正しうして、情欲のまよひなくその夫一人をたいせつにおもひ、餘の夫をこひしたはず、たとひ夫死して寡なるも、ふたゝび餘の夫にまみえ交はらざるを守節といふ。背夫は夫にそむくとよめり。守節のうらなり。その夫をばあなどりかろしめ、餘の夫を戀したひて、淫乱なるを背夫といふ。それ守節は孝行の一端、天理の當然なれば、かならず今生後生めでたきむくひあり。背夫は不孝の一しなにして、天理にそむくゆへに、今生後生あさましきむくひあり。

（『藤樹先生全集　三』）

（訳）守節は節を守ると読む。女性が心清らかで正しく、情欲に惑わされることなく、自分の夫一人だけを大切に思って、他の男を恋慕わず、たとえ夫が亡くなり未亡人となっても、再び他の男と通じて愛を交わさないことを守節という。背夫は夫に背くと読む。これは守節の反対である。自分の夫を侮ったり軽蔑して、他の男性を恋慕って淫乱な行ないをなすことを背夫と言う。そもそも守節は孝行の一つであり、天地自然の道理にかなったことなので、必ず現世でも後世でもすばらしい報いがある。一方、背夫は不孝の一つであり、天地自然の道理に背くものなので、現世や後世において、嘆かわしい報いがある。」

（『現代語新訳　鑑草』）

「守節背夫之報」は妻の立場について書いてあり、十三話あります。その中から一話ご紹介します。

鄭氏の妻の陸氏は大変器量が良く、夫婦仲も良かったのですが、鄭氏が病に伏せってしまい、「私が死んでも、お前は他の男に嫁いだりしないで欲しい」と言って亡くなりました。その後、陸氏は夫の財産を相続し、約束に背いて曾氏に嫁いでしまいました。暫くして、陸氏に手紙が届きました。そこには鄭氏の文字で、「十年間ともに暮らした夫婦なのに、何故私を見捨てて他に嫁いだのか。私の田畑財産を盗んで、子や親を捨てて他の人に嫁いだことは、母でも嫁でも妻でもない。人でなしの行いである。そのうち怒りを晴らすつもりだ」と書いてあったので、陸氏は恐れおののき、眩暈がして死んでしまったという話です。

この話のあと、「人の妻というものは、その身は全て夫の身であって、自分の身ではない。自分だけが再婚しても、その罪を逃れることは出来ない」とあります。今の時代、何を言うのかと思いますが、この時代はこういう考え方だったのだと読めばよいでしょう。死んだ人には計り知れない不思議な力があって、恨みを持っていれば必ずその咎めがあると陸氏がわきまえていればよかったけれども、つい欲に迷ってしまったために、こういう恐ろしい報いにあった。これをよくよくわきまえて、死人に霊はないと思わずに、元の夫を裏切らないように一生過ごしていくが良いと書いてあります。

巻之三　不嫉妬毒報《ふしつとどくのむくい》

（原文）不嫉はねたまずとよむ。吝氣の心なくりんきの行ひなきとなり。妬も又ねたむとよむ。りんきは三毒の虵心なれば、その身の明徳佛性をそこなひ、終に人をなやまし人をころす事、毒薬よりもすさまじきゆへに、りんきふかく人をなやまし人をころす事、毒薬よりもすさまじきゆへに、りんきふかく人をなやまし人をころすを妬毒と云なり。不嫉は守節の善行なるゆへに、かならずめでたき報ひあり。妬毒は背夫の惡逆なれば、かならず浅ましくおそろしきむくひあり。それ不嫉に三の得あり、妬毒には三の損有。夫の他人に心をかよはす時に、りんきの毒心なく、不嫉の本心明かなれば、かならず其夫つまの賢徳を感じ、をのれが非をくゐて、淫乱をやむるものなり。

（『藤樹先生全集　三』）

〔（訳）不嫉は、ねたまずと読む。嫉妬の心や行ないがないことである。妬もまた、ねたむと読む。嫉妬は三毒の蛇心であるから、自分自身の明徳仏性を失い、ついには、人を苦しめて殺してしまうという、毒薬以上のすさまじさを持っている。そこで、嫉妬深くて人を苦しめ、死に至らせることを妬毒という。不嫉は守節の善行であるから、必ずめでたい報いがある。それに対し、妬毒は背夫の悪逆であるから、必ずひどく恐ろしい報いがある。そもそも、不嫉には三つの得があり、妬毒には三つの損がある。夫が他の女に情を通わすとき、嫉妬の毒心がなく、不嫉の本心が明らかであれば、きっとその夫は、妻の賢徳を感じとり、自分の非を悔やんで淫乱を止めるものである。〕

（『現代語新訳　鑑草』）

「不嫉妬毒之報」は妻の吝氣・妬みについて書いてあります。私は妖怪変化の話が好きなのですが、妖怪変化については基本的にあり得ない話なので私は楽しみとして読んでいますし、自分でも妖怪変化の話をいずれ書きたいと思っています。ただ、藤樹はどうも本氣でここに書かれている話を信じているのではないかと思います。そのつもりで御覧ください。九話のうち、二話をとることにします。

宋の国に鮑蘇という者がいました。その妻は姑に大変孝行をしていました。鮑蘇は衛の国に仕官して三年が過ぎたあたりで一人暮らしが寂しくなり、衛の国で現地妻を作りました。鮑蘇の妻はその話を聞いても夫を恨まず、かえって夫と衛の国の妻にも心づくしの物を沢山送っていました。

そのことを兄嫁がいぶかると、鮑蘇の妻は「天子のお妃は十二名、諸侯の妻は九名、卿大夫の妻は三名、士の妻は二名というのが礼法の常識です。夫は士なので妻が二人いても道理に外れてはいません。その上、女性は婚家を去らなければならない罪が七つあると言います。一つは舅姑に不孝である。二つ目は子供が生まれない。三つ目は淫乱である。四つ目は嫉妬心が強い。五つ目は悪い病氣を持っている。六つ目は口数が多く嘘をつく。七つ目は夫の私物を盗んだり、心がねじけている。私に嫉妬心があれば、婚家を去らなければならないでしょう」と言っていたとのことです。

この話を宋の君主が聞かれて感心し、鮑蘇の妻に女宗という称号を与え、褒美を与え、国中の手本としたそうです。これによって鮑蘇の家は大変栄えたということです。

「不嫉妬毒之報」のこの話は女性がやきもちを焼かなければたいそう幸せになり、その家は栄えるという話です。

縉雲という人に朱氏という妻がいました。朱氏は大変嫉妬深く、縉雲に嫁いだ時に自分が連れて来た下女がたいそう美人だったので、主人が手を出しはしないかと疑っていました。何年か経って下女が妊娠した様子に氣づいた朱氏は、何も罪がないのに下女を鞭で打って叩き殺し、切り裂いて便所に捨ててしまいました。朱氏はその後一年くらいで妊娠しましたが、病氣になり、だんだん重くなってしまいました。そして、下女の死霊が出て来て朱氏をたいそう苦しめ、寝室や台所に鳥が集まって、羽ばたきの風で家中に糞がまかれ門の外まで臭うようになったということです。

死んだ下女の恨みが朱氏を苦しめて、最後は責め殺してしまったという話です。やはり女性は夫に貞淑で、親には孝行し、もし嫉妬心のあまり周りを苦しめるようなことがあれば、その苦しみは自分に返ってくるものだ、ということを藤樹はこの説話を通じて言いたかったのだろうと感じます。

巻之四　教子報《きょうしほう》

（原文）教子は子に道ををしへて、その明徳佛性を明らかにさせる事なり。子の明徳明らかなれば、生ては忠養のむくひをうけ、死しては生天の福ひをうく。いかんとなれば、子の明徳あきらかなれば、かならず孝行誠あるゆへに、たとひその子の福分うすくして貧賤なりといへども、その孝養まめやかにして、親のこゝろ安樂なるものなり。子の明徳くらければ孝心まとなきゆへに、たとひその子の福分あつくして富貴なりといへども、孝養まめやかならざれば、親のこゝろよろこび安ずるところなし。さてまた子の明徳明らかなれば當來生天の福ひをうくる事、一子出家すれば、九族天に生ずといへる理りなり。出家と云は髪をそり衣を墨にそむるを云にはあらず、明徳佛性を明らかにして、世間の苦しびをまぬかれいづるを出家とも云、出世間とも云也。（略）人々の心の中に明徳と名づけたる無價の寶あり、これを性命のたからと云、天下第一の寶なり。いかんとなれば、この寶をよくたもちぬれば、その心常にたのしび、何事も皆心にまかせ、世間の寶も福分にしたがひてあつまり、子孫もこれによって繁昌し、當來かならず天に生ず。今後後生の安樂、思ひのまゝなる功徳ある如意宝珠なれば、天下第一の寶とす。金銀珠玉、天子諸侯の位を世間の寶と云、天下第二のたからなり。いかんとなれば、明徳明らかなる人これをうれば、その福ひめでたく、天下の人皆そのめぐみにうるほへり。明徳くらくして是をうれば、その身の苦しびと成、或は身をころし國をうしなふ災ひこれよりおこれり。

（『藤樹先生全集 三』）

〔訳〕教子とは、子供に道を教えて、その明徳仏性を明らかにさせることである。子供の明徳が明らかであれば、生きている間は、忠養の報いを受け、死後には、生天の幸福を受ける。なぜならば、子供の明徳が明らかであれば、きっとその孝行には誠意があるので、たとえ、その子供の幸運が弱く、貧乏であるといっても、その孝養は談実で、親の心は安らぐものである。子供の明徳が明らかでなければ、その孝行心にも誠意がないので、たとえ、その子供の幸運が強く、富や高い地位があるとしても、孝養が誠実でないので、親の心は喜ぶことも、安らぐこともできないのである。そしてまた、子供の明徳が明らかであれば、来世には生天の幸福を受けるということは、一人が出家をすれば、高祖父母、曾祖父母、祖父母、父母、自己、子、孫の九族が生天するという道理にかなうものである。出家というのは、単に髪を剃り、墨染の衣を身につけることをいうのではなく、明徳仏性を明らかにして、世間の苦しみから免れ出ることを出家といったり、出世間といったりする。（略）人びとの心に宿る、明徳という非常に尊い宝があり、これを性命の宝といい、天下第一の宝でもある。なぜならば、この宝をよく保持していれば、その心は常に楽しく、なにごともみな心のおもむくままにし、世間の宝もその幸運に従って集まり、子孫もこれによって繁栄し、死後必ず生天する。現世、来世の安楽が、思い通りになるという功徳がある如意宝珠なので、天下第一の宝とする。金銀珠玉や天子諸侯の位は世間の宝といい、天下第二の宝である。なぜならば、明徳の明らかな人がこれを得るなら、すばらしい幸福を受け、天下の人もみな、その恵みによって豊かになる。しかし、明徳の明らかでない人がこれを得るなら、その身の苦しみとなり、あるいは、身を滅ぼし、国を失うという災いの原因となる。」

（『現代語新訳　鑑草』）

「教子報」は、母親が子供をいかに教育するかという話です。七話のうち二話ご紹介します。

一つ目は胎教の話です。胎教は、子供が授かった時から、もう子供に対する教育を始めねばならない。子供が授かるということは、天地にある氣が集まり人として形が定まる初めなので、母親の心持ちが子供に大変影響するからである。胎教の心がけは、慈悲深く正直であることを基本とし、かりにもよこしまな心を起こすべきではない。食べ物をよく節制し、姿勢を正し、体調を整え、刺激的な物を見ず、よこしまな言葉を聞かず、昔の賢人君子の行跡や、孝悌忠心の故事を記した草子を読み、あるいは、物語を聞きなさい。これが胎教のあらましであると書いています。

王季という君主の妃である大任は、大変慈悲深かった。大任が妊娠した際には、徳を慎んで、胎教をよく行なったために、その子供は文王として大変立派な王になり、その王朝は八百年続いたという話です。胎教は素晴らしい、母親になる人は、ここをよくよくわきまえて生活をするようにという教えです。

二つ目の話は、「鑑草」の最初の部分で明徳仏性を身に付けた人物として紹介した程顥の母親、侯氏の話です。侯氏は大変徳が高く、夫の大中公は侯氏をとても重んじていました。主人がそういう態度であっても、侯氏は更に遜《へりくだ》って、主人に逆らうことはありませんでした。自分勝手はせず、情深く人を苦しめたりせずに家を治めていました。侯氏の二人の子供、明道と伊川は仲良く育てられました。父親の大中公は子供たちにきちんとした教育をつけさせねばならないと思い、大賢と評判の高い周子の所で心学を学ばせました。兄弟は父親に言われた通り一生懸命勉強し、努力を重ねたところ、後世に伝わるような素晴らしい儒者になり、世の中の人たちから崇められる存在になったという話です。

（原文）慈はいつくしむとよむ。我子と一味に繼子を愛しそだつる事なり。殘はそこなふとよむ。ま〻子をにくみつれなくあてがふとなり。慈愛は天道人道の根本なれば求めずして福ひをうる。殘は虎狼毒蛇のどくなる凶悪なれば、をのづから禍ひにか〻る報有。されば慈善の福ひ五つあり。繼子をわが子と一味に養育すれば、夫の思ひいれ、世間のおぼえいとめでたし。是そのむくひ一なり。わが子と一味に慈愛すれば、ま〻子も岩木ならねば、その慈愛を感じ、ひたすらに慈母の思ひをなし、一しほ孝行を盡さんと思はざるはなし、しかれば眼前産育の苦勞なくして子をもうくる福ひ、その報ひ二つなり。母たるものはたれも子を思ふまとあれば繼子の母冥々のうちにして、いかばかりうれしくおもひ、後母の子供の守り神共なりぬべし。そのうへ慈善は天道のくみし給ふところなれば、わがうむところの子に報ひて、福ひめでたきものなり。〻れ其むくひ三なり。（略）殘惡の報ひも又四あり。ま〻子につれなければ夫もすさまじく思ひ、家内の人みな目をそばめ、世間のあざけりあさましき物也。是其報ひ一也。福善禍淫の報應は山びこのどくなれば、ま〻子をつれなくそこなへば、かならずわが産ところの子に報ひて、あさましき禍ひあり。これそのむくひ二なり。とても我手にやしなひながら、あたかたきのどく思ひぬれば、家内に常にかたきありてむねをこがし心をなやましぬ。これそのむくひ三なり。貪瞋痴の三毒は地獄の業なり。残惡の蚍心は三毒のはなはだしきものなれば、何ほど後生を願ふとても、砂をかしいで食をもとむるがごとし。身后かならず阿鼻獄の責をうく。これそのむくひ四なり。

（『藤樹先生全集　三』）

〔訳〕慈はいつくしみと読む。わが子と継子を一様に愛し育てることである。残はそこなうと読む。継子を憎み、つらくあたることである。慈愛は天道人道の根本なので、求めなくても幸福を得ることができる。残りは虎狼毒のように凶悪なので、自らが禍にあうという報いがある。そうであるので、慈善の幸福は五つある。継子をわが子と一様に養育すると、夫の思い入れや世間の評判はたいへんよくなる。これがその報いの一つめである。わが子と一様に慈愛すれば、継子も岩や木ではないのだからその慈愛を感じ、ひたすら慈母への思いを深め、きっと、よりいっそう孝行をつくそうと思うはずである。だから、実際に出産の苦労をせずに子供を授かるという幸福が、その報いの二つめである。母たるものなら、みな子供を思う真心があるので、継子の母はあの世で、どんなにかうれしく思い、必ず後母の子供たちの守り神となるに違いない。その上、慈善には天帝が助けて下さるので、自分の産んだ子供に報いがきて、すばらしい幸福を得ることができるのである。これがその報いの三つめである。（略）残悪の報いにもまた四つある。継子に冷たくするならば、夫も不快に思い、家族の者もみなうとましく思い、世間でもひどくあざ笑われることとなる。これがその報いの一つめである。福善禍淫の報いは山びこのようなものなので、継子を冷たく痛めつければ、必ず自分の産んだ子供に報いがきて、嘆かわしい禍となる。これがその報いの二つめである。結局、自分の手で養いながら、仇や敵のように思っていると、家族の中にいつも敵がいることになり、胸を痛め心を悩ますことになる。これがその報いの三つめである。貪欲で怒りっぽく愚かであるという三毒は地獄の業である。残悪の蛇心は三毒の激しいものなので、どんなに極楽へ行くことを願うとしても、砂を炊いて飯を求めるようなものであり、死後必ず阿鼻獄の責めを受ける。これがその報いの四つめである。」

（『現代語新訳　鑑草』）

「慈残報」は、母親と継子の話です。全部で十一話あり、その中の一話をご紹介します。

元秀はお金持ちで、財宝を沢山持っていました。元秀には本妻の子供が四人いて大変可愛がっていましたが、二号さんの産んだ子供は男子でも女子でも埋めて殺してしまいました。ある夜、元秀は夢で数十人もの人間がやって来て押し合いへし合いしているように感じて目を覚ましたところ、自分の手足が牛の蹄に変わっていました。とても苦しくて泣き叫び転がっていましたが、三日ほどで首が切れて死んでしまいました。

その後、四人の子供たちは残された財産を分けて贅沢をしていましたが、間もなく罪を問われて財産をすべて官に没収されてしまったということです。

ここで藤樹が言うには、親が子を殺す報いは大変恐ろしいものだから、元秀が生きながら牛になったことは不思議ではない。名声や利益の欲で親としての本心を亡くし、残虐なことをしたのは、不義の淫乱のために出来た子供を育てられなかったからであろう。だから決して密通などをしてはいけない、隠れて二号さんを囲ってはいけないという教えです。

巻之五（二）　仁虐報《じんぎゃくほう》

（原文）家内にさしつかふもの、奴婢雑人に至るまで、何事につけても、慈悲ふかくなさけあるを仁と云。何事につけても、なさけなくきつくあたるを虐と云。（『藤樹先生全集　三』）

〔（訳）家の中で召し使っている者に対しては、下男、下女や身分の低い者に至るまで、なにごとに対しても、慈悲深く、情けがあることを仁という。逆に、なにごとに対しても、情けなく、きつくあたることを虐という。」

「仁虐報」は、女主人の立場としての話です。五話ありますので、そのうち一話ご紹介します。楊誠斎という人物の妻は羅氏と言いました。羅氏は大変徳を積んで、七十過ぎてからも朝早く起きて粥を煮て、召使いに食べさせてから仕事をさせていました。子供の東山が、「こういう寒い時に自分が冷えて苦しむのは大変だから、もうやめて下さい」と言っても、「召使いも人の子です。苦労を労ってやりたい。私は自分で楽しみながらやっているのだから、寒いとか苦労だとは思っていない。お前の言うことをきいて止めてしまうと、私はもう安らぐことができない」と言って、ずっと続けていました。羅氏には男の子が四人、女の子が三人いましたが、このような慈愛の行いのために、皆良い子で大きくなっていったという話です。

羅氏のような行いは是非お手本とすべきである。家を手伝ってくれている人には思いやりを持って召し使うように努力しなさいという説話です。

巻之六（一）　淑睦報《しゅくぼくほう》

（原文）淑睦はよく親むとよめり。あひよめ小姑その外一族に仁愛の誠あるとなり。心の本体は万物一体の仁具るものなれば、惑ひなければ、したしみなき人をもよく愛する理りあり。ましてあひよめと成、小姑となりぬれば、骨肉同胞の親みあるをや。万物一体の仁心を明かにし、人はいかやうにもあれ、吾は何の心もなく、ひたすらに親み和ぎぬれば、人も又岩木ならざれば、感動するところありて、仁愛をもて我を親むものなり。かくあれば、あひよめ小姑、その外一族に至るまで、皆骨肉同胞のしたしみと成て、吾は人のためを思ひ、人は吾ためをおもひ、あつまり居ては、兄弟和合のたのしびあり。わかれて家にある時は、とかうの氣遣なく安堵の思ひをなせり。これまづ淑睦眼前の福報なり。

（『藤樹先生全集　三』）

〔訳〕淑睦とは、よく親しむということである。夫の兄弟の嫁や夫の姉妹、その他の親族に対して、仁愛の心を抱くということである。人の心には、本来、万物一体の仁心が備わっているものなので、心に惑いがない限り、あまり親しくない人をも愛することができるのである。ましてや義理の姉妹や小姑であるならば、当然、骨肉同胞の親しみがあるはずである。万物一体の仁心を明らかにして、他人はどうであれ、自分は邪心をもたず、ただひたすらに人々と親しみを深めるならば、人もまた岩や木ではないので、何か感じるところがあって、仁愛の心を抱き、自分に親しみを感じてくれるものである。このようであるので、義理の姉妹や、その他の親族に至るすべての者に、骨肉同胞の親しみが芽生え、自分は他人のためを思い、他人は自分のことを思ってくれる。そして、親族が集まるときには、団らんの楽しみがあり、それぞれが別れて家にいるときには、あれやこれやの気遣いがなく安堵感にひたることができる。これがまず現れる淑睦の報いである。」

（『現代語新訳　鑑草』）

「淑睦報」は、一族が栄えるためには、一族の和が必要であるという話です。二話のうち、一話ご紹介します。

章氏という兄弟がいました。兄弟にはかなり年がいっても子供が出来なかったので、兄の方は親族から養子を一人もらいましたが、間もなく男の子が生まれました。そこで弟は、「兄さんには実子が生まれたのだから、養子の子を私が育てます」と言いました。兄はこのことを妻に話したところ、妻は「子供がなければ人の子を養子にし、自分の子が出来た途端に養子を捨てるというのは道理に外れています。このようなことをすれば、どちらの子も育たないでしょう」と強く反対するので、無理やり実行することも出来ず、そのまま時が過ぎました。しかし弟が何度も頼むので、兄の嫁も断れなくなって、「道理に外れることは出来ないので、私が産んだ子を養子として差し上げましょう」と答えました。弟は辞退しましたが、結局は兄の実子を貰って養子にし、章氏兄弟はそれぞれ養子を育てていったわけです。

二人の子供は成人し、それぞれ男の子を二人ずつ授かりました。やがて、この二人の子供たちも成人し、それぞれが地位の高い官職に就いて一族は繁栄したという話です。

巻之六（二）　廉貪報《れんとんほう》

（原文）廉はむさぶらざるなり。貪はむさぶるとよめり。欲ふかくきたなく、財寶をゐごるをむさぶると云なり。夫財宝は天下の生民を養はんために、天地の生じたまふものなれば、かりそめにも貪り私すべきものにあらず。廉なる時はきたなき貪心なし。（略）わづかの私欲さへ天道のいれざる所なるに財寶を私用にむさぶり、人をそこなふ心行は、虎狼のたぐひなれば、などかおそろしきむくひなからんや。されば小人の貪るは、をのれがためを思ふよりおこりて、その得あるに似たり。しかれども人間これをにくみ、天道これをすてたまひて、つゐにおそろしき報ひあれば、その損すくなからず。をのれが爲を思はざるなり。君子の廉はをのれがはかりどをろかにして、損あるに似たり。しかれども人間これを愛敬し、天道これにくみし給ひて、つゐにいみじき福ひあれば、その得ははなはだ多く、我ためのはかりごとかしこきなるべし。

（『藤樹先生全集　三』）

〔（訳）廉はむさぼらないことである。貪はむさぼると読む。欲深く、汚く財宝をさがし求めることをむさぼると言う。そもそも財宝は、天下の人々を養うために、天地の神々がお生み出しになるものなので、決して貪り、自分のものにすべきものではない。廉の境地にあるときは、汚い貪心はない。（略）　わずかの私欲でさえ、天道はお許しにならないというのに、財宝を私用に貪り、人を傷つけるといった心行は、虎狼《ころう》のように残忍で欲深い心行なので、どうして恐ろしい報いがこないであろうか。小人が貪るのは、自分のためを思うことから起こり、その利益があるように見える。けれども、人間はこれを憎み、天道はこれをお見捨てになり、そして最後には、恐ろしい報いがくるので、その損失は大きい。結局、自分のためを思わなかったことになるのである。君子の廉は、自分のための計画が愚かで、損をするように見える。けれども、人間はこれを愛し敬い、天道はこれにご賛同になって、最後にはすばらしい幸福がやって来る。〕

（『現代語新訳　鑑草』）

「廉貪報」は貪欲と正直の話です。四話のうち一話ご紹介します。

万年県に住んでいる元氏の妻で謝氏という女性がいました。謝氏が死んでからある夜、娘の夢に謝氏が出て来て、「私は生前、小さい升で酒を売り、大きな升でお金を貰っていました。酒をごまかした報いで、今は北山下の人家の牛になって生まれ変わり、法界寺の夏侯師という人に買い取られて田畑を耕しています。それは大変な苦しみです」と語りました。

翌年の正月、娘の家に法界寺の比丘尼が来たので、娘はこの夢物語を話して、夏侯師という人の家に牛がいるかと尋ねると、「確かに夏侯師という人はいて、その家に牛もいるが、どこから買われたかは知らない」と言われました。娘は不思議に思い比丘尼と共に夏侯師の家に行って、牛をどこから買って来たかと聞くと、まさしく北山下から買ってきて今は城南の田畑を耕しているという返事でした。娘は、夢のお告げ通りだと思って、牛を買って帰りたいとお願いしました。夏侯師は不思議に思って、娘を連れて牛小屋へ行ったところ、この牛は気性の荒い牛で一人では扱えなかったというのに、娘を見るなり涙を流して喜んでいるようでした。娘は代金を払って牛を買いとり、家に帰り死ぬまで面倒をみたそうです。

この話も、少し欲張りの謝氏という女性が人を騙していた報いで牛に生まれ変わり、大変苦しんだという話なので、貪欲ではいけないという説話です。

翁問答

「翁問答」は藤樹の代表作です。藤樹が大洲から去った後、大洲の弟子たちから、先生に質問が出来ない、本を読んでも意味がよく分からないので分かりやすい教科書が欲しい、それもかな書きで書いてもらいたい、という希望が藤樹のもとに寄せられました。藤樹はそれに応えるべく、大洲の人たちのために分かりやすい教科書を作ったわけです。ただ一応書き上げても、見直しをするたびにまだ不十分だということで、生前はその希望に応えられず、亡くなった後に「翁問答」は出版されました。

出版されると大変具体的で分かりやすく、身近な問題が仮名書きで書かれていたので、当時のベストセラーになりました。『藤樹先生全集 三』に細目と称して目次が書かれていますが、それを見ると何と具体的なことだろうと分かるので、最後に抜粋して掲載致します。

では、「翁問答」の中身に入ります。ここでは、「翁問答」を一つ一つ説明するのではなく、その中でお知らせすべきと思うものを抜粋してご紹介します。

序

「翁問答」は随筆です。序文は、どういう経緯で出来たか説明しています。「翁問答」は自問自答で、自分自身を三人に分けています。藤樹本人は愚者という名前で登場しています。いわゆる記録係という体裁です。次に、天君という先学の老翁が登場します。これは自分の理想的な心を擬人化しています。そして体充という弟子が登場します。これは氣という考え方を擬人化しています。今の時代では氣というものが分からなくなっていますが、「翁問答」で書かれている氣は、天地自然の氣が凝縮して自分自身の身体が作られている、という考え方で登場しています。

序文は、愚者という藤樹の一分身が、別の分身である師の天君と弟子の体充が問答をする様子を傍で書き留めたもので、これが後々の人々のためになるかとも考え「翁問答」と名前をつけてしまっておいた。もし後に読む人の役に立つようであれば愚者としては大変な幸せである、という内容です。

志學のとしより、心にまもり身におこなふべき道を、もとめ得《え》まくおもひ立て、禪門《ぜんもん》教《けう》門のをしへを、としへて、まなぶといへども、其議論《ぎろん》詖遁《ひとん》にして、そのみち偏僻《べんへき》なり。天君《てんくん》とて先覺と、おぼしき老翁《らうおう》ありける。もしまた我《わが》ごどきの愚者《ぐしゃ》あらば、萬一工夫《くふう》のたすけにもなるべきかと、あらためうつし、翁問答《おきなもんだう》と題号《だいがう》して、巾笥《きんし》にかくしをきける。ことばいやしく、ことはりきこえがたけれ共、君子《くんし》の删正《さんせい》をもとむべきほどの事ならねば、只愚者《たゞぐしゃ》のかきつけたるまゝにして、翁《おきな》の本意《ほんい》にたがふところなん、おほかるべし。若《もし》よむ人あらば、辞《ことば》にて志《こゝろざし》をそこなはずば、吾人《われ》の大幸《たいかう》たるべきか。

（『藤樹先生全集　三』）

上巻之本

弟子の体充が師匠に、「人間は一生で何が一番大事なのか」と質問しました。

師匠の天君が言うには、「人間は、天下に二つとない素晴らしい宝物を身の内に持っている。その宝を自覚すれば、天下も国も家も、自分自身もすべて順調にいく。これを広げていけば、天子は治める国が素晴らしい国家となり、家臣は家を盛んにして名前が世間によく伝わり、位も上がる。民は財産を沢山持って、それを楽しむことが出来る。人間はそういう宝を誰しも持っているのに、それを求めようとしないのが困ったものだ。」と答えました。

更に、「誰もが欲しがる宝を手に入れる方法がある。それは儒者の学問を学べばよい。生まれながらその宝を持っている人を聖人といい、学問をすることによって身にある宝を自覚し、使えるようになった人間を賢人という」と説明しています。

躰充《たいじう》問《とふて》 曰《いはく》、人間《にんげん》の心だて、さま〴〵ありて、をこなふところ、その品《しな》おほし。其うちに是非混乱《ぜひこんらん》して、いづれにしたがふべしともおぼえず、人間一生涯《しょうがい》いづれの道をか、受用《じゅよう》の業《わざ》と仕るべく候や。師の曰、われ人の身のうちに、至徳要道《しごくようだう》といへる、天下無双《ぶさう》の靈寶《れいほう》あり。このたからを用《もちゐ》て、心にまもり身におこなふ要領《ようれい》とする也。此寶《たから》は上《かみ》天道《たう》に通《つう》じ、下《しも》四海《かい》にあきらかなるもの也。しかるゆへに、此たからをもちいて、五倫《りん》にまじはりぬれば、五倫みな和睦《くわぼく》して、うらみなし。神明《しんめい》につかふまつれば、神明納受《なふじゅ》したまふ。天下をおさむれば、てんかたいらかになり、國をおさむれば、國おさまり、家《いへ》を齊《と丶のゆ》れば家と丶のをり、身にをこなへば身おさまり、心にまもれば心あきらかなり。をしひろむれば天地のほかにわたり、とりおさむればわが心の密《みつ》にかくる。まことに神妙至極《しんめうしごく》の灵寶《れいほう》也。しかるゆへに、此寶《たから》をよくまもれば、天子《し》はながく四海《かい》の富《とみ》をたもち、諸侯《しょこう》はながく一國《こく》の榮《ゑい》花《ぐわ》をうけ、卿太夫《けいたいふ》はその家《いゑ》をおこし、士《さぶらい》は名をあらはし位をあがり、庶人《しょじん》は財穀《ざいこく》をつみたくはへて、其樂《たのしみ》をたのしむもの也。此宝《たから》をすてゝは人間の道たゝず、にんげんのみちたゝざるのみならず、天地の道もたゝず、天地のみちたゝざるのみならず、太虚《たいきよ》の神化《しんくわ》もおこなはれず、太虚《きよ》、三才《さい》、宇宙《うちう》、鬼神《きしん》、造化《ざうくわ》、生死《しやうじ》、ことぐく、此たからにて包括《ほうくわつ》する也。このたからをもとめまなぶを、儒者《じゆしや》の學問《がくもん》といふ。生《むま》れながらにして、此たからを保合《ほがう》し給ふを、聖人《せいじん》と云。がくもんによつて、保合して、よくまもりおこなふを賢《けん》人といふなり。

（『藤樹先生全集　三』）

藤樹は後世、近江聖人と言われましたが、その最大の理由は徳教であると感じます。徳教とは、自分自身が口で教えるのではなく、知らず知らずのうちに弟子が身に付けていく、師匠の言動が弟子を自然に感化し、その結果弟子が自らを向上させていくというものです。

藤樹は孝という考え方が根本にあります。孝を教えるには、生まれる前からその教えが必要だということで、胎教ということを始めて言い出したといいます。すなわち、母親の胎内にいる時から徳教を行わなければいけない。教育をする最大の方法は徳教だと言っています。その例として、水がものを潤し火が乾かすのと同じであるとし、また、赤ん坊が京で育てば京の言葉になり、関東で育てれば関東の言葉になるように、言葉というものは自然と身についてくる。

したがって両親は徳教を子孫に教えねばならない。それが両親のなすべき根本である。更に、子供が利発であれば折に触れて『孝経』を読ませ、その意味を聞かせて、子供が道を悟る時の基になるように両親は努めねばならないと言っています。

さて子孫にをしゆるには、幼少《ようせう》のときを根本《こんぽん》とす。むかしは胎教《たいけう》とて、胎内《たいない》にあるあひだにも、母徳《ぼとく》の教化《けうけ》あり。いま時の人は至理《しいり》をしらざるゆへに、おさなきうちには、をしへはなきものなりと思へり。教化《けうけ》の眞実《しんじつ》をしらずして、たゞ口にていひをしへぬるばかりを、おしへと思ふよりおこりたるまよひ也。根本《こんぽん》眞實の教化《けうけ》は、徳教《とくけう》なり。くちにてはをしへずして、我身をたてみちをおこなひて、人のをのづから變化《へんくわ》するを徳教《とくけう》といふ。たとへば水の物をうるほし、火のものをかはかすがごとし、國土《こくど》の方角《ほうがく》、水土《すいど》の風氣《ふうき》によつて、人間のむまれつきすこしづゝ、かはりありといへども、詞《ことば》つきにはぐわんらい、京田舎《きやうゐなか》の差別《しやべつ》なきゆへに、赤子《あかご》のときより京にてそだてぬれば、關東《くわんとう》にて生れたるものも、京ことばになり、くわんとうにてそだてぬれば、京にて生れたるものも、關東ことばになるごとく、おさなきものゝこゝろだて身もちも、父母めのとなどの心だて身もちを見あやかり、きゝあやかるによつて、父母めのとの徳教《とくけう》を子孫にをしゆる根本《こんぽん》とす。しかるゆへに乳母《めのご》の人がらをえらび、父母の身をおさめ、心をたゞしくして、全孝《ぜんかう》のみちをくちにかたり身におこなひて、をしへの根本を培養《ばいやう》すべし。八つ九つにもなりぬる時は、むまれつき利根なるものには、孝經《かうけい》をよませ、おり〳〵孝經の大意《い》をときかせて、道をさとるもといとなし、六藝《りくげい》のうち、急用《きうよう》なる藝よりそろ〳〵とならはし、才徳兼備《けんび》のをしへを専《もつぱら》とすべし。

（『藤樹先生全集 三』）

上巻之末

徳治と法治の話です。政（まつりごと）の根本的な考え方は、徳治と法治です。

体充が、「法律や条例は、数を多く厳しく細かくした方がよいでしょうか」と聞きました。

天君が言うには、「やり過ぎはよくない。国を治める上では、君主の心が明らかであれば国中の手本となる。それが政の根本であるから、細かな規則は政の枝葉だと思いなさい。基本を捨てて末端ばかりを厳しくするのは法治というのだ。法治は秦の始皇帝が行ったものが最たるもので、厳しく法律を作れば作るほど、世の中は乱れるものだ。国の政は法治とは正反対で、自分の心を正しくして人に対してゆけば、人の心も正しくなるもので、徳治という。政について考える法律の数は少ないに越したことはないし、その時々の最善と思うような方法をとり、そして寛大なことが良い。例えば、最近の人々の心は大変濁っているが、濁った水に手を入れて掻きまわせば更に濁りが増す。そっとしておけばだんだん上から澄んでくる。そのようにして徳治の政をするがよかろう」と答えています。

体充問曰、法度《はっと》はかずおほくきびしく、したるがよく御座候や。師の曰、しをき法度の箇条《かでう》はところにより、ときによりてさだむるものなれば、おほきがよきとも、すくなきがよきとも、さだむべからず。またきびしくしてよきこともあり、緩《ゆる》くしてよきこともあれば、きびしきがよしとも、ゆるきがよしともさだむべからず。たゞ時《とき》とところと、くらゐとに相《さう》おうしたる道理《だうり》にしたがひたるがよく候。しをき法度にも本末《ほんまつ》あり。君のこゝろあきらかにして道をおこなひ、國中《こくちう》の手本《てほん》かゞみとさだめたまふが政《まつりごと》の根本《こんぽん》なり。法度《はっと》の箇条《かでう》はまつりごとの枝葉《えだは》なり。（略）

本をすてゝ末《すへ》ばかりにておさむるを法治《ほうぢ》といひて、よろしからず。法治《ほうぢ》はかならず箇条《かでう》あまたありてきびしきものなり。秦《しん》の始皇《しくわう》のしをきが法治《ほうぢ》の至極《しごく》したるものなり。法治《ほうぢ》はかきびしきほどみだるゝものなり。始皇の代をかゞみとしてみるべし。本來《ほんらい》まつりごとはかずすくなく、時相應《ときさうおう》の至善《しいぜん》にかなひ、おほやうなるを本とす。今《いま》時のやうにくらくまよひたる人の心を、おさむるを混水《にごりみづ》をすますにたとへたり。なにかといろふほど濁《にごり》がますものなり。いろはずにしづめてをけば、そのごみをのづからしづみて、うへよりすむがごとし。徳治法治《とくぢほうぢ》の分別《ふんべつ》よく〳〵得心《とくしん》あるべし。徳治は先我心《わが》を正《たゞし》くして人の心をたゞしくするもの也。

（『藤樹先生全集　三』）

下巻之本

こちらは学問について書いてあります。

体充が「世の中では学問は物よみ坊主がするもので、学問をする人間は、いざという戦の時に役に立たないと言われるが如何でしょうか」と聞きました。

天君が言うには、「それは偽の学問の話である。学問は心の穢れを清め、身の行いを良くするものである。文字のない頃は、聖人の言行を真似して努力をした。これが学問だ。賢人の行った跡をよく研究し、自分自身を正しくしていこうとする人間は、物の本を読まなくても学問をする人と言える」と答えています。

学問は士のすべきことではないなどというのは間違いであり、書物を読むばかりが学問だと考えることもまた間違いである。学問は身の内にある宝を自覚する大変重要なものだから、皆学問をして宝を発見するが良かろう、という意味のことを言っています。

躰充問曰、世俗《ぞく》のとりさたに學問《がくもん》は物《もの》よみ坊主衆《ぼうずしゆう》、あるひは出家《しゆつけ》などのわざにして、士《さぶらい》のしわざにあらず、がくもんすきたる人はぬるくて武用《ぶよう》の役《やく》に立がたしなど云て、士のうちにがくもんする人あれば、却《かへつ》てそしり候ぬ。かやうのあやまりは、いづれのまよひよりをこりたることにておはしまし候や。師の曰、それは贋《にせ》のがくもんばかり時《とき》めきて、風俗《ふうぞく》あしく衆生《しゆじやう》の心汚濁《こころおじよく》にそまりて、書物《しよもつ》をよむばかりをがくもんと思ふよりまよひたる評判《ひようばん》なり。それ學問は心のけがれをきよめ身のおこなひをよくするを本實《ほんじつ》とす。文字《もんじ》なき大《おほ》むかしにはもとよりよむべき書物なければ、只聖人《たゞせいじん》の言行《げんかう》を手本《てほん》としてがくもんせしなり。代《よ》のすへになりて學問の本実《ほんじつ》をとりうしなはんことをうれひて、物の本にしるしてがくもんの鏡《かゞみ》とさだめしよりこのかた、物のほんをよむをがくもんの初門《しよもん》とする也。しかる故に其心《そのこころ》をいさぎよく行跡《かうせき》をたゞしくする思案工夫《しあんくふう》ある人は、物の本をよまずして一文《いちもん》不通《ふつう》なりとも學問する人也。

（『藤樹先生全集　三』）

下巻之末

これは、聖人・賢人の説明をしています。


体充が「狂者とはどういう人物なのですか」と聞きました。

天君が言うには、「狂者とは、悟っているが、未だいま一つ修行が足りぬ者だ。理論的には素晴らしいものを持っているが、本当のところまでは到達していないので、もう少し努力をせねばならないだろう。天竺では釈迦、達磨などが優れた狂者だ」と答えました。

藤樹は、聖人は中国にしか生まれないと考えていたために、インドに生まれた釈迦は狂者の位に甘んじなければならないわけでしょう。ただインドは開かれた国なので、だんだんと聖人の位に達していくであろうと言っています。

更に、「人間は一生懸命学問をすれば、上中下の三つの位に到達することが出来る。聖人は生まれつきの人なので、賢人が人間の位としては一番上である。第二段は狂者、第三段は狷者である。一生懸命学問をしても狷者までいかない者は、俗学と言う。よくよく切磋琢磨してゆけば、本物の学問に到達し悟ることが出来るであろう」と答えています。

また、「仏教は少し困ったものである。釈迦は大いなる聖人であり、孔子は小さな賢人と言う者がいるが、とんでもないことである。儒教は外道だと言って世の中を迷わし人をたぶらかす者もいるので、これは良くない。そのように口先だけで議論をする人間は、仏教の元祖である釈迦や達磨の心にも違反をしているという理屈を知らない。片腹痛いと言うが、可哀そうで嘆かわしいことである」とも答えています。

これは、仏教と儒教を比較して儒教がいかに素晴らしいかを藤樹は言っているわけです。

体充問曰、狂者《きやうしや》と申はいかやうなる人にて候や。師の曰、狂者は道体《だうたい》の廣大高明《くはうだいかうめい》なる所《ところ》をば悟《さとる》といへども、いまだ精微中庸《せいびちうよう》の密《みつ》に悟入《ごにう》せざるによりて、見性成道《けんしやうじやうだう》の心術粗糲《しんじゆつそれい》迂濶《うくわつ》にして修行異相《しゆぎやういさう》に逸狂《いつきよう》なるものなり。大唐《もろこし》にては許由《きよゆう》、巣父《そうほ》、牧皮《ぼくひ》、曾晳《そうせき》、子桑戸《しそうこ》、荘子《さうじ》、天竺《てんぢく》にては釈迦《しやか》、達磨《だるま》など勝《すぐ》れたる狂者《きやうしや》なり。人の生付《うまれつき》しなかはるによりて、道學《だうがく》して見性成道《けんしゃうじやうだう》する位《くらい》に上中下の三段《だん》あり。中行《かう》は聖人《せいじん》の下《した》、亞聖《あせい》の大賢《たいけん》なり。これは三段のうちにて第《だい》一段上《だんじやう》の位《くらい》也。狂者《きやうしや》は中行《かう》の下《した》、第《だい》二段《だん》、中の位《くらい》なり。第《だい》三段下《だんげ》の位は狷者《けんしや》なり。學問しても此三段の位にいたらざるは俗學《ぞくがく》といふものなり。よく〱体認《たいにん》すべし。

（略）

唯《たゞ》眞儒の心學をよく切磋琢磨《せつさたくま》して大覺明悟《たいかくめいご》の位《くらい》に至りぬれば、荘子釈迦達磨《そうじしやかだるま》などの心を観察《くわんさつ》すること白晝《はくちう》に黒白《こくびやく》をわかつごとくなるべし。荘佛《そうぶつ》の學問をきはめたる分にては聖賢《せいけん》の心をわきまへしること富士《ふじ》のふもとよりその巓《いたゞき》を仰見《あふぎ》るがごとくなり。しかる故に釈尊《しやくそん》の流《ながれ》をくむ人に随分聰明《ずいぶんそうめい》なる人あまたあれ共、偏《かたむき》に我堂《わがだう》の佛《ほとけ》たうとしとまよひて、或《あるひ》は佛法《ぶつぽう》小乗《せうぜう》のあさき敎《をしへ》が儒道《じゆだう》の極上《ごくじやう》のふかき説《せつ》にこへましたると云、或《あるひ》は釈尊《しやくそん》は大聖孔子《だいしやうこうし》は小賢《けん》なりと云、或《あるひ》は佛敎《ぶつけう》は内典聖敎《ないでんしやうけう》なり、儒敎《じゆけう》は外典俗書《げてんぞくしよ》なりと云、或《あるひ》は儒敎は外道《げだう》なりと云て世をまどはし人をたぶらかしぬ。まことにめくら蛇《へび》におぢざるまよひふかき心にて、あたまに口のあきたるまゝに世に人もなげに議論《ぎろん》するは、その道の元祖釈迦《ぐはんそしやか》達磨《だるま》の心にもそむきたる理《ことわり》をしらず、いとあさましく我慢邪慢《がまんじやまん》なるたはごと、かたはらいたきと云ながら、あはれになげかしき事なるべし。

（『藤樹先生全集　三』）

翁問答内容細目

細目は、世に出た「翁問答」の後に、藤樹の意志でここは直さねばならぬと思った所を直して、改正編が出ています。改正編は本物の学問について書いています。藤樹は亡くなってしまったために思い通りの改正は出来なかったわけですが、残ったものを弟子たちが纏めて改正編として世に出したわけです。

これは『藤樹先生全集　三』の中で目次として出ていますが、読者のために全集の編者が分かりやすい見出しを付けたという感じが致します。見出しを一つ一つ見ると、中に書いてある本文が何となく推測出来る目次です。誰でもが氣になっている疑問、しかし聞くのも憚られるような心の中に思っている疑問に対して、ずばりずばりと回答していくようなものだと感じます。

特に、最初の見出しは、「天下に二つとない宝を誰もが持っており、その宝を明確に自覚すれば素晴らしい幸せが実現する」という出だしですから、誰もがついつい引き込まれて読み始めるわけです。しかも漢文ではなく仮名交じりでしたから、我も我もと読み始め評判となり、今で言うベストセラーになっていったのだと感じる次第です。

藤樹としては自分の持っている考え方を弟子に教える時、どうすれば分かりやすく伝えられるか、大洲の人たちのことを頭におきながら筆を進めたのだと感じます。藤樹が「翁問答」を書いたのは三十半ばを過ぎたところですが、未だ感情は高ぶるところが残っていたと感じます。ですから誰かを、もしくは何かを意識した時は言葉が荒くなったり、強い調子で繰り返しをしたり、おやっと思うようなことが所々出てきます。聖人というと心が穏やかで、どんな場合でも鷹揚に人と対するというイメージがありますが、藤樹は一生懸命努力して五事を正していたのですが、この時点では完全に達成出来ていなかったのでしょう。ただそこを目指していくので、自分が後から見直しをした時に、ここはいけない、ここは直そうという連続で、結果として弟子たちに「翁問答」を見せることは出来なかったのだと感じました。

翁問答内容細目

上巻之本

一問、人間一生涯の道は何か。
三問、孝を守るべき術如何。
六問、天子の孝行は如何。
一二問、人々徳を明かにし、生業を勤むるが孝行なりや。
一三問、五倫について。
　答、不孝をなす原因。
　　父母の不義を諫むる時。
　　父母の亡き後の禮。
　　子を愛育する法（姑息の愛を排す）

教育の本意。
胎教。
夫は和義を以て妻をいざなふ。
長幼有序。
心友面友の區別。
一七問、學問の正眞と贋との區別如何。
二三問、正眞の學に如何なる益ありや。

上巻之末

一問、文武は二色か。
一二問、臣下をいかやうに使ふべきか。
答、才徳なき者も必ず一得あり。
一三問、法度の數多きがよきか。
一五問、政と學問とは別か一つか。
一八問、悟りとは何か。

下巻之本

一問、學問は出家のわざなりとの説あり、士の中に學問する者あれば、武用に立たずと譏る者多し。この迷は何より起りたるや。

一六問、運命強ければいづれの敵にも勝つべきか。

二〇問、大名、家老の第一の疵は何か。

下巻之末

一問、狂者とは何か。

二二問、名利の欲をすてゝは生活なしがたし。

二七問、仙を學べば長生不死の益あり、佛を學べば成佛得脱の益あり。儒道は如何。

翁問答　下　丁亥春

一問、今時、儒書を讀めば徳なくても儒者と呼ぶは誤なるべし。

翁問答　上　丁亥冬

一問、人間第一の願ひ求むべきは何か。

二問、人間第一に厭ひ捨つべきは何か。

弟子

藤樹の弟子について、『藤樹先生全集 五』を見ると姓名がだいたい分かる人が六十三名書いてあります。また、十七名が詳らかならずとして載っていました。一人一人について、どういう人物かが書かれていますので、かなり大変な作業だったろうと思います。これは岡田季誠が書いたものです。岡田季誠は藤樹の弟子・岡田八郎右衛門仲実の子で、藤樹から見れば孫弟子にあたります。季誠の奥さんは熊澤蕃山の妹なので、やはり縁が繋がるものだと感じます。季誠の教わった先生は藤樹の三男で常省先生と呼ばれた人物でした。やはり相当内輪の縁でつながっているのだなと感じます。

『藤樹先生全集 五』に書いてある八十人という数字は、藤樹が直接教えた人たちだと思います。もっとも手紙を主とした通信教育だけの方も当然いるわけです。基本的には大洲で知り合った人たち、故郷の小川村周辺の人たち、後年になって名前が世間へ広がるにつれて集まって来た人たちで構成されていますが、直接教えを受けた人の数そのものはそれほど多くはなかったと感じます。八十人から百人くらいですと、教える側から見ると充実して教えられる人数で、大変楽しい師弟関係を結べるだろうと感じます。

私の体験から申します。私は二十八歳の時に会社を設立し、五十八歳で社長業をバトンタッチしました。当初、社員が百人くらいまでは大変楽しうございました。仕事をする上で社員の顔と名前が分かり、直接指示もするし報告も受ける。これはたいそう充実しています。それが二百人、三百人と増えるにつれてだんだん直接指示することが出来なくなり、間に人が入るようになります。五百人を超すと顔や名前が一致しなくなったのを実感していました。更に千人を超したら、もうお手上げで、私の代わりに指示をする人がいないと会社が回らなくなってしまったことを覚えています。いったい藤樹はどうだったのかと感じます。

藤樹は二十歳の時、隣に住んでいた中川貞良が数人の仲間を連れて学問を教わりたいと申し込んで来ました。始めて弟子が出来たわけです。それ以来、四十一歳で亡くなるまでの間、どれだけの弟子が出来たのか、どれだけ優秀な弟子を育てたかという視点で考えると、「青は藍より出でて藍より青し」という荀子の言葉がありますが、藤樹は熊澤蕃山と淵岡山という大変優秀な弟子を育てました。蕃山と岡山については後ほど申し上げます。

ここは私塾なので私塾の経営者として藤樹を見た場合はどうか。私は二松学舎を創立した三島中洲を思い出します。三島中洲は自分で陽明学者と言い、私塾を経営しました。一般からは実業家とは思われないようですが、内容は学者であると同時に立派な実業家、経営者でした。藤樹も弟子が出来、大洲から小川村に行って私塾を始め、だんだんと弟子が増えてくる。そうなると、経営状態はどうかと考えざるを得ません。経営者としてみると、あまり金勘定はしなかった人ではないかと思います。今で言えばボランティアで集まって来る人たちの協力、それから今で言うクラウドファンディングのような形でお金を集めるというより、集まって来る。それが亡くなる寸前になって藤樹書院という建物に結実をして、さあこれから私塾の経営が発展していくというところで亡くなりました。ここで三島中洲を考えてみると、明治時代に三島中洲が二松学舎という私塾を経営した時は、立身出世したいと思う若者が多く中洲の門を叩きました。当時は公の試験が漢文で出されたため漢文を教わりたいと集まった若者が多かったようで、一時期は押すな押すなの盛況でした。しかし、政府が漢文での試験を中止する方針を出した後は弟子が激減し、このままでは塾を閉鎖せねばならぬと言って、残った一人の弟子と共に肩を抱いて泣いたという逸話が残っています。その一緒に泣いた弟子が奮起し、また弟子を一所懸命集めて少しずつ盛り返していき、現在は二松学舎大学として三島中洲の学は継承されています。

もう一人思い出すのは、昭和の碩学と言われた安岡正篤先生です。安岡正篤先生は生前に、自分が死んだ後は、関係していた会は皆解散せよと言い残されたそうです。自分の学問は自分一代限りということだったのでしょう。後世に伝えるという考えと、一代限りで解散するという考え方とそれぞれですが、御本人の意向に関わらずその学徳を慕い学問を究めたいと思う人は、やはり先人の跡を訪ね先人の心について深く学ぶ。そういうことで学統は続いてゆくのだろうと感じている次第です。

私は二十八歳で会社を興した当初は、会社を大きくしたい、発展させたいと強烈に願って、二十四時間みな仕事であると本当に思って懸命に働きました。仕事をする上で、質と量を考えると、先ずは仕事ありきでした。一定の仕事が確保されてから、その仕事の中身を充実させ向上をはかっていく。その繰り返しによって会社が発展したと思っています。私は学校を出た後で、二人の先生から後々心に残る話を戴きました。一人は石川梅次郎先生です。「深澤君、会社を興すと、そのうち心が渇いて来る。そうなったら大学へまたおいで」と言われました。もう一人は柴田周蔵先生です。柴田先生はもともと新聞社出身だったので、「人生失敗したくないと思ったら、次の二つを守ると良い。訳の分からない金には手を出すな。女を泣かすな」という言葉でした。非常に分かりやすい言葉で教えて下さったと感じています。

藤樹は弟子たちに会って話をする以外に、いわゆる通信教育のような形で相当の数の手紙を出しています。手紙については幾つかを後述します。藤樹の弟子の名前が『藤樹先生全集　五』に載っていますので掲載します。

門弟子
一、池田光政公／二、熊澤伯繼（蕃山）／三、泉仲愛（八右衛門　蕃山の弟）／四、淵岡山（四郎右衛門また源兵衛）／五、一尾伊織／六、中川貞良／七、中川謙叔／八、中川氏老母／九、加世季弘／一〇、佃叔一（助九郎）／一一、國領太（太郎右衛門）／一二、國領定卿（平馬）／一三、吉田新兵衛／一四、岡村光忠（新右衛門）／一五、大野了佐（尾関友庵）／一六、戸田孫助／一七、瀧野藤右衛門／一八、山田權／一九、神山兵左衛門／二〇、西川季裕／二一、森村子（十郎右衛門？　他に森村妊多）／二二、中村子（覺右衛門）／二三、小川覺並　仙（不詳）／二四、垂井子（五右衛門もしくは伝衛門）／二五、谷勘兵／二六、田邊子（仁右衛門）／二七、瀧氏（武左衛門もしくは市右衛門）／二八、盲人博市（不詳）／二九、横山子（不詳）／三〇、淺野子（不詳）／三一、赤羽子（金座衛門？）／三二、中西常慶（孫右衛門）／三三、盲人素績（上月素績）／三四、井上眞改（和泉守二代国貞）／三五、石川常安並　吉左衛門／三六、池田（与兵、他に聶津の人あり）／三七、島川子（藤右衛門）／三八、山脇氏（佐左衛門）／三九、盆田紋次／四〇、善住治郎作／四一、三﨑佐太郎／四二、法勝寺（同寺の住職）／四三、岩佐光伯（太郎右衛門）／四四、中村仲道（所佐衛門）／四五、安原伯正（權兵衛）／四六、早藤氏（理兵衛？）／四七、万木孫七郎／四八、徳田氏（昌次もしくくは葛清宗兵衛)/四九、松下仲伯(武兵衛)/五〇、中西又佐衛門/五一、岡田仲實(八郎右衛門)/五二、中江三(仁兵衛)/五三、崇保軒(中江治之)/五四、中江數馬/五五、谷川寅(儀左衛門)/五六、谷川左(左助)/五七、山本茂助/五八、笠原竹友/五九、志村吉久/六〇、小川庄治郎/六一、吉村氏(不詳、佐野衛門の父祖か?)/六二、晦養軒を始め、十七人未詳(確認した所、十八名でした)計八十名

(『藤樹先生全集 五』)

熊澤蕃山

藤樹は聖学を目指し、聖学を究め、聖学を実践することを目指したわけです。それを受け継ぐ弟子たちを見る際、私は質と量の視点で見ます。蕃山は質を追求し、岡山は量を追究したと私は感じています。

蕃山が求めた質はどういうものであったかと言えば、藤樹の聖学の学び方、その心の跡を追って行くという学び方だと感じます。

聖学を学ぶためには、先ず訓詁をものにして、きちんと知識を身に付けねばならないのが最初です。その次は、孔子で考えれば、孔子が言葉で出したことと実際に行ったことの二つをよ

く見なければならないということです。孔子がどういう話をしたか、その時々の行動はどうであったかということは「跡」という言葉で表しています。実際に口に出し行うところの本当の心の部分を心学と捉えています。人間の心は見えません。形もないし言葉に表すことも出来ない。これを捉えるためには、どういう内容であったかの形跡をしっかり書き残して、後は察しなさいという理解の仕方です。つまり、訓詁から入り、孔子の跡を求め、そしてその心の中身、心そのものに入っていく、所謂心学になるという学び方をするわけです。

蕃山は、藤樹がどのように読んだか、どのように解釈をしたか、その表面的なものを追究するのではなく中身そのもの、何故藤樹はこういうことを言ったのか、何故こういうことを書いたのか、その何故をより深く追い求めました。したがって質を追い求め、中身を求めたということが言えます。

蕃山は十六歳で岡山藩主池田光政公の稚児姓として仕え、二十歳で辞職しています。その後は一生懸命本物の学問を追い求めました。しかるべき師が見つからず途方に暮れているところに、京都でたまたま馬子の又三郎の話を聞きました。馬子がこのように正直者で生きていくことが出来る、そういう教育をする人こそ自分の師匠として仰ぐ人ではないかと思い、藤樹の元に入門を願い出たのが二十三歳です。その頃藤樹は自分が苦しみ悩んでいる時期でもあり、当初入門は断っていました。しかし蕃山は諦めず必死になって頼み込み、正式に入門することが出来ました。実際に蕃山が教育を受けた期間は八ヶ月でした。その間、心、それから訓詁を詰めていくと心法を練るという言葉で表されますが、心法を練る工夫の仕方を体得したのだと思います。その後、二十七歳で岡山藩に再出仕しました。二十九歳で三百石を頂戴し、三年後には三千石を戴くという大変な抜擢を受けています。

蕃山は、藤樹から受けた学問を実際の政治に活かそうと考え、実力を発揮しました。一例をあげると、岡山藩で洪水が起きた時、餓死寸前の人間が九万人にも及びそうだということで、民を救うためにはどうすればよいか、幕府にどう願い出をすればよいか、民衆の意見を聞くにはどうしたらよいか等々を光政公に意見具申をし、具体的には堤防を作り水利状況を良くし、敵が攻めて来た時の備えなどをしっかり固め、不時の災害に対応するための政策を次々に実行しました。また、藩士に馬と槍を備えさせて新地の開墾に従事させ、それがそのまま警備の充実につながるという動きをしていました。その頃になると、蕃山の名声が世に広がり、岡山藩の藩政改革を成し遂げたのは熊澤蕃山であるという評判が高くなり、三十三歳の時に光政公が参勤交代で出府した際には供として従いましたが、各大名や旗本が蕃山の話を聞きたい、教えて欲しいというような状況になりました。ちなみに徳川頼宣・松平信綱・板倉重宗・久世廣之・板倉重矩・堀田正俊・本多忠平・中川久清らが教えを請うたということです。

蕃山は藩政を担当して八年経過し功績を上げた後は、京都に引退して悠々自適の暮らしをしたわけです。その後、幕府の方針が変わり、蕃山の思想が幕府にとって宜しからざることとなり、各地を転々と移り住むという後半生を送りました。最後は古河という所で七十三歳の生涯を終えました。

蕃山の生涯を見ると、藤樹から指導を受けた教えが藩政改革という形で結実し、結果として藤樹の名声を高からしめることに大いに役に立ったと見えます。

熊澤伯繼

熊澤伯繼は江西門下の巨擘にして、世推尊して蕃山先生と稱す。諱は伯繼、通稱は左七郎、後治郎八、又助右衞門と改む。野尻藤兵衞一利の長子にして、元和五年を以て京都五條に生る。幼にして外祖父熊澤半右衞門守久に養はれて、遂にその氏を冐す。寛永十一年甫めて十六、備前少將光政公に事ふ。公夙にその凡ならざるを察し大に用ゆるところあらんとす。蕃山以爲らく學文武を兼ぬるにあらざれば以て君に事ふべからずと。乃ち二十にして仕を致して近江國桐原に隠れ武術を練り學を修む。十八年京師に至りて師を求むれどもいまだその人を得ず。偶々藤樹先生の爲レ人を聞き小川村に至りて業を受けんことを請ふ。先生辭するに人の師となるに足らざるを以てして許さず。十九年七月再び來りて固く請ふ。先生また辭して見ず。その廡下に宿すること二夜、先生の母その志を憐み先生に諭すところあり。先生唯々としてその命に従ふ。時に蕃山二十四、先生より少きこと十歳、九月三たび來りて業を受く。

正保四年再び往きて岡山に仕ふ。公固より蕃山が王佐の才あるを知る。大に悦び祿三百石を給し命じて側役となす。慶安元年八月廿五日藤樹先生卒す。蕃山命を受けて來り弔す。又自ら心喪に服すること三年に及ぶ。慶安三年擢んでられて大夫となり、國政に參與し、祿三千石を食む。是歳公蕃山の議を用ひ士大夫を分ちて四彊の要害を守らしむ。

（略）

九年板倉内膳正重矩の勸めにより松平日向守信之の領地播州明石に移り、大山寺の側に居る。その居を名けて息游軒といふ。是歳芳烈公國學を創建し大に文教を張らんとす。蕃山乃ち公の召に應じて備前に到り學政及び釋菜の儀を定議し始めて至聖文宣王（藤樹先生眞筆）を祀る。延寶七年松平日向守封を大和の郡山に移す。蕃山從て徙る。貞享二年松平日向守また封を下總古河に移す。蕃山も亦従つて徙る。貞享四年同志田中孫十郎大目付を命ぜられたれば書を以て政務につき教を請へり。（諸書多くは蕃山封事を奉れりとなす。今採らず。）蕃山具にその思ふところを書して之を送る。老中某之を見て論じて曰く、處士政を議す、罪大なりと。終に禁錮せらる。是れより蕃山時事を言はず。人と語り談偶々之に及へば默然として答へず。笙を把りて之を吹く。元祿四年八月十七日終に逝く。享年七十有三。

（『藤樹先生全集　五』）

淵岡山

蕃山が質を追求したのに対し、岡山は量を追究したと先程書きました。淵岡山は藤樹が亡くなったあと、全国に藤樹学を普及し広げることを生涯の仕事としたいと考え、実行に移しました。

淵岡山は当初、一尾伊織という旗本に仕えました。一尾氏の領地が近江にあったため、近江に時々来る機会があり、二十八歳の時に藤樹の話を聞き、中川謙叔に会って話を聞き、藤樹に会いました。岡山はだいぶ慎重な人だと見えて、謙叔に藤樹のことを色々と聞いた上で会いに行っています。謙叔に会った時、藤樹という先生はどういう顔つきの人で、どういう態度で、どういう教え方をするのか等々、疑問になっていることを色々尋ねて、それなりに藤樹像を持ったのでしょう。中川謙叔に仲介を頼み、翌日会うことが出来たという記録です。

私が氣になる話としては、面談が終わって中川謙叔にどうだったかと聞かれた時、岡山が「一言、二言しか言葉を発せられなかったが、その起居動作、態度、その人品の奥ゆかしさ、人間の深みを感じました。素晴らしい方です。是非入門させて戴きたい」と返事をしたわけです。それを後で藤樹が聞いて、「私は色々努力をするが、その努力している様子を人に見せないようにしている。にもかかわらず岡山には私が学んだことの一端を見られてしまったのか。これは恥ずかしいことだ」という感想を漏らしたということです。このやり取りによって、藤樹は大いに努力を重ねるけれども、努力をしている様を人には見せたくないという性格である。そういう性格を見抜いた淵岡山はかなりの人物だと感じた次第です。

岡山は主の一尾伊織に藤樹は素晴らしい人物だと伝え、その後、一尾伊織も藤樹を師と崇めるようになったということです。

岡山は入門した後、藤樹の晩年ですが、五年間起居を共にし藤樹の教育の仕方や藤樹学の神髄を身に付けて、この学問は是非全国に広げねばならないと思ったのでしょう。その広げ方は、京都西陣葭屋町に居を構え、四十年にわたって学びを京都・大阪・江戸・伊勢・熊本・会津・

岡山県美作等々に広げ、その影響は二十四ヶ国に及んだということです。

　七十歳で亡くなりましたが、岡山の弟子たちが全国各地で藤樹学を普及させていきました。岡山によって藤樹学の裾野が全国に広がったわけです。学びの深奥を窮めるは蕃山、全国に藤樹学が広がった功績は岡山と後世に評価され、藤樹の弟子の双璧と言われたわけです。

淵岡山

淵岡山《かうざん》諱惟元、一に宗誠といひ通稱四郎右衞門また源兵衞に作る。故ありて岡源右衞門と改む。仙臺に生れ伊達家の臣と云。藤樹先生より少きこと九歳。後幕臣一尾伊織に事ふ。一尾氏の領地近江にあるを以て主命を帶びて滯留せる折しも藤樹先生の爲リレ人トを聞き正保元年冬小川村に來り中川氏を介して先生に謁す。此の時岡山二十八歳なり。岡山退いて嗟嘆し中川氏と語る。事、事狀並に川田剛著藤樹先生年譜に見えたり。先生歿せらるゝや岡山畫工に命じて先生の肖像三幅を畫かしめその一幅を藤樹書院に納めたり。延寶二甲寅年京都西陣葭屋町に學舍を創設し、先師の祠堂を建て斯文の興起に努めたり。岡山の學を講ずるや先師の學を以て千聖不傳の秘を得たりとなし、その眞傳を天下後世に傳へんことを期したり。貞享三丙寅年十二月二日卒す。壽七十東山永觀堂に葬る。著書岡山先生示教録七巻。同追加一巻。岡山先生書翰集三巻あり。皆後人の編する所なり。岡山初め洛外の岡山という處に居る。故に門人岡山先生と稱す。嗣子伯養諱惟直字は半平その業を繼ぐ。元文元年十一月十三日歿す。伯養二男一女あり。長男早世し次男廢疾あり。乃ち東條葭卿を會律高額村より迎へて其の女に配し家學を繼がしむ。葭卿諱は惟傳字は貞藏天明二年二月四日歿す。享年六十八。長男章甫家學を受く。章甫諱は惟倫字は良藏寛政十一年九月二日歿す。享年四十九。

（『藤樹先生全集　五』）

人柄

藤樹は生涯を通じて努力の人であったと思います。藤樹を考える上で色々なエピソードが残っています。それらをつなぎ合わせると、ひたすら努力をした人という印象があります。具体的なエピソードは、前述しましたが淵岡山が入門する際に藤樹と面談し、「先生は実に穏やかな方だが、挙措動作の中に奥ゆかしさを感じるし、大変博学な知識をお持ちであることも垣間見える。とても我らの及ぶべくもない、人物識見ともにたいそう素晴らしい方である」という感想を漏らし、それを藤樹が後で聞いて、「自分が努力をしている様は一切人に見せないようにしている。それが淵岡山には見えてしまった。何ともお恥ずかしい限りである」という言葉を残しています。これは若い時の荒木事件を思い出させるような逸話です。

また、藤樹が住んでいる大溝藩主の分部伊賀の守が、再三藤樹に会いたいと使いを出して、ようやく藤樹が会いに行った時の話です。終始雑談で終わってしまったので、聞いていた弟子が、「藩主から学問について聞かれないからといって、何も学問に対する話をしなかったというのは如何なものか」と感想を漏らしたという逸話が残っています。

他の門人の話でも、藤樹先生は口をきかなければ本当にごく普通の人のように見えた。立派な先生であるとは誰も氣が付かないような態度や身なりであったといいますし、徳行の有名な藤樹先生であるとは誰も分からないであろうという話もあります。これは、禅の中で「十牛図」

という悟りの境地を得るまでの十段階の最後で最高の境地「入鄽垂手《にってんすいしゅ》」を思い出します。布袋和尚が酒屋にふらりと入っていって、酒を飲んで出てくる。すると酒場にいた人間は、悪人であっても、ただ同席するだけで真人間になってしまう。そういう感化力を持つ。しかし一見したところ、大愚の如しと見えるというお話です。

私の印象ですが、藤樹も常人離れした凄まじい克己力、桁違いの努力を自分に強いている姿が感じられます。ただ、そういう姿と同時に、色々なところでぽろっと人間性が出ています。例えば、淵岡山が入門の時に漏らした感想を聞いて「お恥ずかしい」と言ったこと。また、土地の藩主に招待されて帰る時ふらりとよろめいたため、藩主が氣にして普段藩主が乗っている駕籠で送らせると言うと、藤樹は固辞することなく素直に乗って帰ったというところ。更に、久が亡くなって藤樹が困っていることを聞いたのでしょう。藩主が家臣に命じて妻として布里を世話したわけですが、藤樹よりも歳の若い藩主が世話を焼かざるを得ない氣持ちになったのは、やはり藤樹の人間性に魅かれたからだろうと感じます。

ということで、聖人というと、堅物で浮いた話もないような人物像しか後世は考えられませんが、同時代に生きた人々は知らず知らずのうちに何か感ずるものがある、傍に行って話を聞きたくなるようなものを持っていたのであろうと感じます。単なる知識の伝達ではそうならないわけですから、人間性をそれぞれが感じて、慕っていったのだなということをこれらのエピソードから感じます。ただ、人間性の出方が弟子によって色々変わったわけです。

熊澤蕃山については、最初入門を固く断ったのを母親のとりなしもあり渋々面会をし、人物を見て入門を許可したという経緯があります。入門を断ったのは、自分が人さまを教えるような状態ではないと思い、避けたのだと思います。藤樹のお弟子さんたちを見ると、二十歳の時に自分より何歳も年上の中川貞良が数名の仲間を連れて弟子入りをしたのが最初で、一生の間に大勢の門人が来ましたが、大半は大洲や近隣の顔見知りの人のみ入門させており、熊澤蕃山のように遠方から来た人間を弟子にすることはとても少なく、後半に至るまで変わらなかったようです。その辺りを考えると、自分から意識的に弟子をとろうと思って動いたようには感じられません。ただ、自分から近隣の村に出かけて行って話をして帰って来る、いわゆる出張講座のようなものは繰り返していました。これは近隣の人という捉え方で良いと思いますので、自分から進んで弟子とりをして歩く営業のような感覚は感じられません。

藤樹は生涯努力の人だと思います。努力して努力して、努力し抜いた結果、穏やかな近江聖人という人間になっていったのだと思います。ですから、とても素晴らしい先生だという評判が立つような人柄は、藤樹が努力をし抜いた結果獲得したものだと思います。それは「格物致知」の「格す」を五事（貌・言・視・聴・思）を正すと理解して、穏やかな誰でも寄って行きたくなるような顔つきで良い言葉を選んで話し、良いものを見るように努力し、良い話を聞くように努力をする。そして良いことしか思わないという努力を日々実行し続けて、後年聖人と言われるような人物になっていったのだと思います。

『藤樹先生全集 五』にこういう文章が入っていました。「未だ圭角あることかくの如し。后来徳日に進むにしたがい全く融和し終わる。」これは「藤樹先生年譜」にありますので、岡田季誠がこのように感じたのだと思います。若い頃は大変角が立つ人間であった。それが後年になると徳行を日々実践することによって徳が進んでゆき、刺々しい性格がだんだん円満になり、本当に穏やかな高潔円満な人物になっていったと感じます。

若い頃の反省

荒木事件

荒木事件は藤樹が児玉という同僚の家を訪ねた時の話です。春だったので結構暖かい時期ではないでしょうか。そこに荒木という同僚がいて、日頃から学問を一生懸命やっている藤樹が目障りだったのでしょう。酔っぱらった勢いで、藤樹に対して「孔子様がお出でになりました」と大きな声を出してからかったわけです。その時藤樹は二十歳そこそこですから、身体中に棘がびっしり生えていて、攻撃を受けたらすかさず反撃するような精神状態だったと思います。すかさず「汝は酒を飲み過ぎたのか。酔っぱらっているのだろう」と怒鳴りつけ、「孔子はすでに二千年も前に亡くなっている。私を孔子とからかうというのは、汝が酒に酔っているに違いない。汝の目は見えないのか。私は孔子ではない、中江与右衛門である。今の時勢で学問を学ぶことは武士の道から外れていると思うのであろう。汝のような盲は、下僕と同じではないか」と一氣に頭から怒鳴りつけました。荒木氏は「冗談だ。悪かった。謝るから許してくれ」と言って逃げ出してしまったという話です。

少しからかわれたからといって、眦をつり上げて顔を真っ赤にして相手を怒鳴りつけるというのは、どう見ても円満ではありません。角のあり過ぎる人間だということが明確に分かります。藤樹は後年、この荒木事件については触れるのを嫌がったといいます。聖人と言われる藤樹も、若い時はこういうことがあったのです。

六年己巳。先生二十二歳。

春兒玉氏ニ行ク。荒木氏坐ニアリ。先生ノ到ルヲ見テ曰《ク》、孔子殿キタリ玉フト云。其意ヒソカニ先生ノ學ヲ爲スコトヲソシル。先生曰《ク》汝ヂ酒ヲクラヒ醉《フ》カ。對ヘテ曰コレ何ノ言ゾヤ。先生ノ曰、孔子ハ已ニ二千年前ニ卒《シ》玉フ。今我ヲ以テ孔子トスルハ、汝酒ニ醉ハズンバ、汝目盲《シイ》タルナラン。思フニ我ヲ以《テ》孔子トスルハ文學アルヲ以テカ。文ヲ學ブハ士ノ道也。汝ガゴトキノ文盲ナルハ是奴僕ナリ。荒木氏遁テ曰、我コレヲ戯ル。請フ子コレヲユルセト云。イマダ圭角アルヿ如《シ》レ此《ノ》。后來徳日ニ進ムニシタガイ全《ク》融和シ了《ル》。

（「藤樹先生年譜」）

林羅山への反発

林羅山は儒学の力で江戸幕府に仕え、権力をふるった大物でした。当時は士農工商という階層と関係なく世間に出て出世をする場合、学問で立身出世するか、僧侶となって出世をするかの道があるわけです。林羅山は学者（儒者）として世に出た人物です。

藤樹は林羅山の文章を見て、この似非学者めと思い、林羅山に対する反発の氣持ちがつのったのでしょう。「安昌、玄同を弑するの論」と「林氏、髪を剃り位を受くるの弁」、この二つの文章を書いて、林羅山に対して攻撃を加えています。

「安昌、玄同を弑するの論」

藤樹二十一歳の時、林羅山の長男林叔勝が書いた「安昌、玄同を弑するの論」の写しが京都の友達から送られてきました。その内容は、菅玄同という儒者が弟子の安田安昌に刺し殺される事件が起き、安昌はすぐに処刑されました。林叔勝は菅玄同は立派な儒者であるとし、安昌を批難しました。

それに対して藤樹は、「玄同も安昌も単なる口耳の学問の人間ではないか、論ずるに値しない」と書いています。文章が長いので、所々目に留まった部分を紹介致します。

「玄同は聖人の書を読んでいるが、口耳学で徳を積んでいない。いわんや徳行などしていないではないか。こういう師匠であっても弟子は弟子の務めを果たさねばならないという今の時代に、安昌は師匠を殺したのだから、処刑しただけでは足りない。師匠も弟子も人面獣心の人間である。こんなことは論ずるに足りない。玄同のような人間は、師匠が刺殺されなかったとしても、必ずまたどこかで殺される運命になるであろうと言っています。また、林叔勝が人面獣心の玄同を醇儒と言うのは盲人のでたらめな言葉だ……」と、きつい批判をしています。

「林氏、髪を剃り位を受くるの弁」

「林羅山は大変記憶力が優れていて、色々なことをよく知っている博覧強記の人物である。聖学の道を説くけれども、言葉を飾るだけで中身がない。口先だけの人物ではないか。朱子が言うような鸚鵡であると思う。そのくせ自らを真儒というとは何事か……」と、藤樹は自分より二回りも年上の学界の最高の人物に対して凄まじい攻撃をしています。

「剃髪と法印は僧侶の形や位を真似ているだけで、仮にも儒学者が行うべきものではない。儒学者のくせに僧侶の形になって僧侶の位に座り僧侶の服を着るなど、何という似非学者か……」と、思ったことを思ったまま、更に鋭く相手を攻撃している文章です。

本人はこの二つの文章については、世にはあまり知られたくない、若い時こんなに角のあるものを書いたのかと言われるのは本意ではないということで、やはり話題にしたくなかったということだと思います。

安昌、玄同を弑するの論

其の人と為りや小にして才有り。未だ君子の大道を聞かざるなり。玄同の人と為りや、聖人の書を読むと雖《いえど》も、口耳訓詁《くんこ》の学にして徳を知らず。師、師たらずと雖も、弟子は以て弟子たらざるべからず。苟《まこと》に安昌の罪は誅《ちゅう》に容《い》れず。是れ豈《あ》に禽獣を違《さ》ること遠からんや。玄同・安昌は共に是れ人面獣心の俗なり。何ぞ論ずるに足らんや。

玄同の如き者は、顚覆《てんぷく》に至らずんば已《や》まず。仮饒《たとい》安昌の弑逆を免るるを得とも、必ず其の他の死禍を取らん。

左門、玄同を謂って醇儒と称せり。儒を説き口を飾りて、既に大学の明法を罔《な》みし、仏に效《なら》ひ髪を剃《そ》り以て孝経の聖謨《せいぼ》を侮《あなど》り、以て形気の私に陥溺《かんでき》して性命の正を戕賊《しょうぞく》す。是れは則ち人面獣心の俗に非ずして何ぞや。而して之を醇儒と謂ふは、妄人の私言なり。

林氏、剃髪受位の弁

林道春、記性穎敏《えいびん》にして博物洽聞なり。而して儒者の道を説いて、徒《いたず》らに其の口を飾り、仏氏の法に效《なら》ひ、妄《みだ》りに其の髪を剃《そ》り、安宅を曠《むな》しうして居らず、正路を舎《す》てて由らず朱子の所謂能く言ふ鸚鵡《おうむ》なり。而るに自ら真儒と称す。

夫れ林氏の剃髪するは、仏者に非ずんば則ち形を仮るの徒なり。国俗に従ふに非ざること、言はずして知るべし。而るに自ら断髪の権、郷服の義に附し、自ら欺いて人を欺く。其の、世を惑はし民を誣ひ仁義を充塞する所以、勝げて言ふべからず。

剃髪と法印とは、其の本に反れば則ち仏者の形位なり。儒者の仮り用ふべき所に非ざるや明らかなり。

今仏者の形に肖《に》せ、仏者の位に居り、仏者の服を服する者は、之を如何《いかん》とか謂はん。仏者のみ。


（『藤樹先生全集　一』より諸処抜粋）

手紙

祖父へ深酒失態の詫び

藤樹は祖父吉長にたいそう甘えていました。信頼しきっていたと言ってもよいでしょう。

十五歳で元服をしたことで、これからは大変だと思うと同時に、祝の席でついつい飲み過ぎてしまい、二日酔いのまま寝てしまった。頭も上がらない状態なので、吉長に申し訳ありませんと詫び状を書いているわけです。昨日の祝いに本当なら御礼に伺わねばならないけれども、深酒をしてしまい起き上がることが出来ないので、具合が良くなったらまたお伺いしますが、今日はご勘弁下さい。お見舞いを戴くほどのことはありませんので、どうぞご安心下さいと祖父に対して書いています。

こうするとやはり人柄が透けて見えます。十五歳で深酒をする。まあまあ圭角のある性格であり、酒もかなり飲むことが出来た。こうなるとごく普通の若者ではないかと感じます。そういう若者が一念発起して一所懸命学びに学んで、近江聖人という人格を身に付けるに至ったということは大変な努力であったろうと感じる次第です。

昨日忝存候。尤我等御禮ニ可參候へ共、先以㆓書狀㆒申上候。誠に太酒候ていまだ枕上り不申候。忝存候。不㆑及㆓御貴報㆒候。恐惶謹言

二月廿日　　中江与右衛門

謹上　中　徳左衛門様

（『藤樹先生全集　二』）

母・妹夫婦に氣配り

この手紙は、これから母親の元に行くからそのつもりでいて下さいという妹夫婦に対する氣配りの手紙です。母親へ手紙を出したことも含めて、日頃から妹夫婦に感謝をしている旨を書き、自分も母親が氣になってならないので秋ごろには行くつもりでいるから、その間よく面倒をみて戴きたいものだというお願いをしているわけです。母親に対する氣配りをしているし、妹夫婦に対しても氣配りをしています。

藤樹にはとにかく一筆書くという習慣があるのだということがこの手紙で分かります。藤樹の手紙は下書きもあったりするのでしょう。又、受け取った人も大切に保管をしていたからでしょう、結構残っています。ただ母親に出した手紙は一切残っていません。なぜ残っていないのか分かりませんが、たぶん母親の市が息子から来た手紙は処分してしまったからではないかと感じます。

藤樹は本当に筆まめな人間だと思います。弟子たちにも通信教育の形で手紙を出し、教育指導していました。筆まめになった原因は、祖父吉長の代筆をしたところから、だんだん身についていったのではないかと思います。氣配りをしていることを口に出すより、書面で渡した方が、あとあと何度も読み返すことが出来るし、証しが残ったのだと感じる次第です。

其後は久々不二申通一意外之至候。其元御無事ニ御座候哉、無二御心元一存候。此方堅固に在レ之事候。可二御心安一存候。我等そこもとへ参候事令二遅引一候に付而にわかに人を遣候。母あんじ候はんまゝ、心やすめと存までに候。委ハ母方へ申遣候。御聞可レ被レ下候。秋中には必可レ参候まゝ其節相積事共可二申承一候。ことしハ雨つきよく御座候而其元よの中よく御座候はんと存事候。此方は無二残所一候。ふみかず故早々申残候。恐惶。

閏七月十五日　　中江与右衛門　花押

小島七郎右様

人々御中（眞蹟）　　（『藤樹先生全集　二』）

遠方の弟子に重大な近況連絡

これは池田与平という弟子に出した手紙です。その中で、一昨年、妻が亡くなり、翌年の秋には再婚したと、僅かな文字で簡単に書いています。なぜこのような短い文章で書いたのか、私には不思議です。自分の子供について、兄弟は七歳と三歳で、二人とも疱瘡になったが、無事に成人したということは結構長く書いていますので、子供に対する氣持ちと二人の妻に対する氣持ちとが、何となく感じられるような氣がします。

尚且つ、王陽明の全集を手に入れて嬉しくてしょうがないという氣持ちを伝えています。王陽明の全集を手に入れたことは、自分の人生にとって素晴らしい幸せをもたらしてくれた。この本を読むことによって、私はどうも悟りの域に達したという氣がしている。嬉しくてならないという感じが伝わってきます。

また、「翁問答」を書いたがなかなか氣にいらないので熟慮している最中であるとか、女性の役に立てばと思って「鑑草」という書を書いた。「翁問答」と題して書いてある原稿を、勝手に手に入れて印刷した出版社が、出版販売出来ないのなら代わりのものを下さいというので、「鑑草」を渡した。これは京都では売っていないから、一冊進呈致しますと書いています。

これは色々なところで引用されていますが、『陽明全書』を見たことによって人生最大の幸せというテーマと、「鑑草」を出版したことの近況報告です。氣になることは、妻に関する文章があまりにも短文ではないかとと思いました。妻に対する氣配りが、他の人たちと比べて少ないという感じをこの手紙から受ける次第です。

心を許した友に愚痴と自慢

先ほどの池田与平究の手紙には、妻を亡くした時の状況についてはほんの少しで終わりにしていますが、晦養軒に対してはたいそう細かく書かれています。ただ、書き方が祖父の吉長に出した手紙のように甘ったれているという部分が感じられます。妻の具合が悪くなって実家に戻したけれども、具合が悪いと聞いてすぐに駆け付けたが死に目には会えなかった。私の氣持ちを分かって欲しい。尚且つ、残された子供たちと老母がいるので難儀している。自分の大変な状況を察して欲しいと最初に愚痴をこぼしています。

その後、大変な目にあっているけれども、「聖人は憤を発して食を忘るる」という言葉があるように、逆境に打ち勝って心が大変進歩している。どうも私は悟りの域に達したようだ。これだけ悟りの道に踏み込むことが出来てどうだ素晴らしいだろう、というような文章です。

ということは、藤樹にこれだけ心を許した友人がいたのだなと感じます。ただ、晦養軒については きちんとした名前がどこにも出ていません。多分、門弟の一人であろうことは推測できますが、書き方が単なる門弟ではありません。かなり昔からの付き合いで、悩みや愚痴を相談した仲ではないかという氣が致します。愚痴をこぼせる相手には、また自慢も出来るということでしょう。晦養軒についてもう少し調べたいと思いますが、資料が少なくて推測に頼るしかないのが残念な所です。しかし、そういう友人がいたということが分かれば、ただ一人ぽつんと聖学の道に励んだだけではないのだと感じられて、ホッとする部分ではあります。

弟子に色欲処理の対策

弟子に色欲処理の仕方を指導するということで、国領太郎右衛門、佃助九郎、岡村光忠の三人に出した手紙を挙げました。

若者が自分の性欲に途惑い、どうすれば性欲の処理が出来るかを師匠に相談をし、師匠は一人一人懇切丁寧に通信教育で答えているというやり取りです。身の下相談を師匠にすること自体あまり聞きませんし、それに対してこのように答えているのも聞いたことがありません。ここの部分は松下亀太郎著『物語　中江藤樹』という本の中で、弟子同志で相談をし合うというくだりで分かりやすく紹介されています。結構面白い紹介の仕方なので、機会があれば御覧戴き度いと思います。

國領太に答ふ

御志うはの空《そら》にて、自反愼獨の御受用《ごじゅよう》成《リ》兼《ネ》申《ス》旨、御尤ながら沙汰のかぎりと奉《リ》レ存《ジ》候。自己の心裏に常住不息なる良知の主人公御座候。此《ノ》君に御對面被《ル》レ成《サ》工夫御勤《ミ》候はゞ、いつとなく浮氣《うわき》除き可《ク》レ申《ス》候。扨《テ》此《ノ》工夫間斷なく候はゞ、程なく主人公に御對面あるべく候。主人公に御對面已後《ハ》、萬事の顚倒除き易きものにて候。能々御體認被レ成《サ》候はゞ幸甚々々。

佃叔に答ふ

色念《しきねん》おこりがちにて御《おん》心なやみ候由、少年の通病《つうへい》にて候。色《いろ》をみずして此《ノ》魔障碍《しょうがい》をなす時《ハ》、色念不《ル》レ起時の心相、坦蕩々にして命門《めいもん》の火くだり、腎水《じんすい》かたく閉《ヂ》て、形體康健なる事を考へ、色念發《おこ》る時は、淫欲の熱氣心肺《しんぱい》を薫《かお》る故に、心氣浮躁《ふそう》・胸中懊儂《おうのう》・小腹脹急《ちょうきゅう》に、小便《べん》淋滴《てき》、百病是《へいこれ》より起り、心うかれ異《い》なものにて候。此二《ツ》の苦樂《らく》損益の對算《たいさん》の符を用ひ候へば、魔障《ましょう》次第に退散するものにて候。扨《さて》又色を見て不義の色念發《しきねんおこ》りたる時《ハ》、淫亂眼前の害、將来のむくい、欲を遂《とゲ》て後常《つね》に悔《くや》しかるべき苦《シミ》と、欲を遂《ゲ》る樂《シミ》暫時《ざんじ》の事にして、何の益もなき事とを對算して、色魔を厭ひ候へば、退散《たいさん》なり易きものにて候。其上《ノ》犬枕に一儀《いちぎ》の後そばに置《ク》とむなき物となんいへる如く、精のもれざる内は離れとむなくしたはしき心、精もれて後忽變《チ》じてそばにさへ置《ク》とむなく思ひぬれバ、本来色念ハ欲火炎上《えんじょう》して氣亂れ心浮《うか》れたる魍魎《もうりょう》なれば、羞悪《しゅうお》の太陽照し玉はゞ、たやすく消失《エうせ》ぬべし。彼《ノ》淫魔、氣のみだれなる事をよく辨へなば、其《ノ》念放下容易《たやす》かるべく候。

岡村伯忠に與ふ

善兵殿御下《リ》にて御志彌〻《いよいよ》進《ミ》候旨、猶《ホ》以《テ》可《ク》レ被《ル》レ入《ヲ》二御精《ニ》一候。然共《レども》色念病痛の儀、蒙《リ》レ仰《セヲ》候御文體の様子佛經《ノ》不淫戒のごとく御心得候と相見え申候。其《そ》は大なる心得ぞこなひにて御座候。退治被レ成《サ》候はで不《ル》レ叶《かなハ》色念《ハ》、不義の色念の事にて候。其《ノ》人と其《ノ》時と義において害なく候得ば、房事《ハ》不レ苦《シカラ》候。然《レ》共念上に滞る意念に候へば、大きにきらひ申《シ》候。意なき心より感通して、人も正く時も正く候へば、天理にて候。能々御體認可《ク》レ被レ成《サ》候。常に意念を除き、不義の淫事を戒《ム》る事《ハ》難《キ》レ成《シ》事《ニ》は無《ク》レ之候。是にても合點不レ参《ラ》候はゞ重《ネ》而《て》可《ク》レ承《ハル》候。

（『藤樹先生全集　二』）

漢詩

藤樹は漢詩が好きだったのだろうと思います。素晴らしいと評される漢詩をかなり残しています。十四歳の時に曹渓院の天梁和尚から手ほどきを受けた以外、直接指導を受けた漢詩の師匠はいません。好きなので、独学でかなり勉強したのではなかろうかと推測します。

なぜ藤樹が漢詩を好きだと感じたかといえば、二十六歳の時に母の元に戻る決意をした時、母を思う漢詩を作って以来、毎年元旦に漢詩を作り続けているので、自分の心の中の思いを漢詩という形で毎年表し続けたわけでしょうが、漢詩が好きでなければこうは続かないだろうと思った次第です。

石川忠久先生は、「藤樹の詩は漢詩の形を整えているが、内容は哲学・思想の色が濃いと思う。又、お弟子さんに教育する詩が多く、全体的に見れば思想詩・教訓詩や、禅問答風の詩がかなり含まれているところに特徴がある。詩として面白いものが多々ある。また、連句など高級な遊びをしている。これは実力のある人が遊びでやるもので、ことに漢詩や和歌の素養がなければ出来ない。こういう高級な遊びは若い時には惹かれるけれど、歳をとるとどうしてこういうものを作ったのかと思う。若氣の至りの感覚でやらなくなるものだが、両方に実力がないと出来ない。生半可な知識や学力では出来ない。こういうことが出来る人は尊敬もされるから、作った後で処分せずに残しておいたものがあとで出て来たのではないかと思う」と言っておられます。

こういう点からみて、藤樹は文化的な教養が深く、その教養を身に付ける上で相当な努力をしているのでしょうが、それを人に見せたくないという意思を非常に強く感じます。ただ、発表する際はレベルの高いものを出したいという意欲も感じられます。普通の人ではこうはいかないでしょう。

それらのことを『藤樹先生全集』を編集された加藤盛一氏のまとめた文章がありますので、先ずそれを紹介するところから漢詩に入っていきたいと思います。

本巻は主として先生の詩篇を録し、附するに賛並に聯句を以てし、巻之十七倭歌が専ら先生の三十一文字を載するものと相對せり。抑も先生四十一年の生涯を通じて僅に一二禪師の指引を受けし外は、常の師あることなく、時亦文運未だ開けず、士として文を讀むは文弱を意味すといふ世の指彈を憚りて、弱年の頃晝は専ら武藝に勤め、夜陰に入りて初めて靜に讀書し修養せられたりと傳へらるゝ程なれば、文辭の如き何人に従ってか之を修むるを得んや。且つ先生の詩文に於ける深く其の意を用ふる處に非ず。詩法に泥まずして唯二十八字を用ふるのみとは、二十六歳の歳旦の詩序にも自ら之を語り給へり。されば特に雕琢を施さず、平仄及び押韻に於て詩法に適格せざるもの多きは寧ろ當然のみ。然れども是を以て直に先生が文藻に短なりとは謂ふべからず。詩はもと心の聲なり。正大の氣象と純潔なる情思とは自ら溢れて、先生の高風和氣を懐はしむるに足るものあり。特に透徹せる想もて道體の眞に味到せられ、發して金玉の聲を成せるものあり。亦以て吾人修德の資とすべきものならざるは莫し。尚本巻に在りて尤も人目を牽くは、先生二十六歳以後幾ど毎歳歳旦の詩を見ることこれなり。歳改まり氣新にして靜に天地精微の理を諦觀せらるゝの雅懐は、彼の屠蘇陶酔の快に三元を空費するものと何ぞ霄壌の差あることの甚だしきや。

（『藤樹先生全集　一』加藤盛一謹識）

少々繰り返しとなりますが、我慢してお付き合い下さい。藤樹は十五歳で元服をしました。祖父の吉長が七十五歳で亡くなったので、その家督を継いで正式に仕官しました。十五歳で百石の武士としての生活が始まったわけです。十八歳の時、故郷にいる父親の吉次が五十二歳で亡くなりました。藤樹はすぐに帰りたいと思ったでしょうが、実際に墓参りをしたのは四年後になります。武芸に励み、学問に励むという日々を送り、十九歳で郡奉行となり真剣に務めを果たしています。二十歳になって初めて、人に教えることを始めました。門弟が出来たわけです。父親が亡くなった後、母親の一人暮らしを思って、二十二歳でいったん故郷に帰り、母親の様子を確認しました。やはり一人暮らしの母親を見るにつけ、一緒に住み親孝行したいとの思いが強くなりました。その後、どうしても母親を説得し自分の所に来てもらい一緒に住もうと考えて、二十五歳の時再び故郷に戻り、母親に一緒に暮らすことを申し出ましたが、生まれ育った土地を離れることは出来ないと断られてしまい、すごすご帰ったわけです。大洲に戻ったあと、武士の身分を捨ててでも母親の所に帰って孝行したいという氣持ちが募って、辞職願を出すわけです。

次の元旦の漢詩は、その時の気持ちを表したものです。この漢詩については、藤樹が自分で「詩法に泥まず二十八字を用いるのみ」と書いていますが、漢詩の世界で日本の最高峰と言われる石川忠久先生に見て戴いたところ、「いや、きちんと規則も守っているし韻も踏んでいる。なかなかどうして大したものです」と言っておられました。藤樹が、自分は詩法に泥まず二十八字を用いると書いたのは謙遜であろうと感じた次第です。

○癸酉之歳旦（二十六歳）

癸酉之元旦。參神事畢。而獨坐有鄕思。屈指羇旅既十有八年于此矣。偶然憶得皐魚之事。而讀其傳。至樹欲靜而風不止。子欲養而親不待。而三復之而悔悟昨非焉。於是賦曹鄶之一絶。以聊言志。枉非費精神於無用。所謂不得其平則鳴者也。故不泥詩法而只用二十八字而已。

羈旅逢春遠耐哀　羈旅《きりょ》春に逢うて遠く哀しむに耐えたり
緡蠻黄鳥止斯梅　緡蛮《めんばん》たる黄鳥《こうちょう》この梅に止まる
樹欲静兮風不止　樹《き》静かならんと欲して風止まず
來者可追歸去來　来者追うべし帰りなんいざ

癸酉の歳旦

癸酉の元旦参神の事畢り、しかして独坐郷思有り。指を屈するに羈旅すでにここに十有八年なり。偶然皐魚の事を憶い得てその伝を読むに、樹静かならんと欲すれども風止まず。子養わんと欲すれども親待たずというに至り、これを三復して昨の非を悔悟す。こゝに於いて曹・鄶の一絶を賦して以て聊か志を言う。枉げて精神を無用に費すに非ず。所謂その平を得ざれば則ち鳴るものなり。故に詩法に泥まずしてただ二十八字を用いるのみ。

（『藤樹先生全集　一』）

元旦参神の事終わり、坐すれば思い出されるは母の事である。指を屈すれば家を出て旅にあることはや十八年になる。ふといつか読んだ皐魚の事を思い出し、その伝を見ると、樹静かならんと欲して風止まず、子養わんと欲して親待たずとある。感に堪えずして反復すること三回、あゝわれ誤れりと悔恨の情新しく、依て一詩を賦していう。春は来たが心は淋しい。鶯は梅を求めてその枝にとまる。自分は止まるべきところに止まっていない。人として正しい道を踏みたがえてよいものか。樹が静まろうとしても風はやんではくれない。同じように子が後になって孝養をしようなど思っていても、親は待っていてはくれない。過去は取り返すことはできないが、未来は追うことができる（来者猶追うべし、『論語』にある語）。帰ろう帰ろう。帰って親孝行をしよう、というので、思いせまったあわれな詩である。

（後藤三郎『中江藤樹伝及び道統』）

若い時の詩という感じですね。古典の知識を使って上手に作詩しています。この詩はなかなかいいね。七言絶句の形をとっているけど、第三句は古風な調子です。「樹欲静兮風不止」などは、もう格言になっている有名なものだから、こういうものをうまくはめ込んだわけですね。

（石川忠久談）

母の所に戻り元旦に漢詩を作ってから、毎年元旦になると漢詩を作るようになりました。この習慣が完全に定着しました。藤樹は生まれ故郷の小川村に戻り、念願の母との生活を送るようになったところ、いつも神経が張っていた大洲と違い、熟睡が出来ました。安心して落ち着いた良い生活に入れたという実感があったようです。しかし、どうにかこうにか母の所に戻って来たけれども、手持ち金がほとんどなくなって、三百銭しかありませんでした。そこで藤樹は、誰かに頼るのではなく自分で生計を得て自主独立の道を行こうと決めました。具体的には、酒の小売を始めました。その売り方が少し変わっていて、一対一で、お客さんのその日の働き具合を聞きながら、状況に応じて酒を売る分量を塩梅するというものでした。また、武士の魂でもある刀を売って得た銀十枚を元手にしたのでしょう、米を買い、食べ物がなくなって苦しい時期の農家に米を貸し、安定した頃に利息をつけて返してもらうという商売もして、二本立ての収入の道を図ったということです。いずれにしても暮らしぶりが安定し、母親の傍にいることで氣持ちも安定し、実に満足した良い生活が始まったというところで、次の詩は出来ていると感じます。

○乙亥之歳旦（二十八歳）

遊宦在於他邦有年于此矣。歸逢郷黨乙亥之春。而和樂且耽。以足知羇旅十有九年之非。是以綴側體一絶以抒卑志云。

郷党元旦会九族　　郷党 元旦 九族を会す
和氣油然相親睦　　和氣油然として相い親睦す
昔日雖知非眞知　　昔日知るといえども真知に非ず
舟可行水車則陸　　舟は水を行くべく車は則ち陸

乙亥の歳旦

遊宦して他邦にあることこゝに年あり。帰って郷党乙亥の春に逢い、和楽して且つたのしむ。以て羈旅十有九年の非を知るに足る。こゝを以て側体の一絶を綴って以て卑志を抒ぶと云う。

（『藤樹先生全集 一』）

九族というのは、もともと高祖父・曽祖父から曽孫・玄孫にいたる九代の親族だから、ちょっと大げさな言い方だが、親族一同の集まりを、彼が心から喜び楽しんでいたことがこんなところにもあらわれている。旅にいるという生活が間違っていたのだから、いろいろなことを知ったとはいってもどれも真の知ではなかった。舟は水上に、車は陸上に、そして自分はこの郷里にいるべきなのだと言っている。前年の元旦に作られた詩とは違って安定した気持がよく出ている。

（山住正己『中江藤樹』）

言わんとすることは分かるが、如何にも若いね。まあ、普通の詩ですな。

（石川忠久談）

二十九歳の元旦に例年通り詩を作ったわけですが、この頃は、思うように学問が進まない、さてさてどうしたものか、という氣持ちがあるように感じます。例によって中国の古典から言葉を選んで詩の中にはめ込み、それによって自分の氣持ちを表しています。すなわち、格致誠修は格物致知、正心誠意、修身斉家、治国平天下の『大学』からとり、日新は「日に新たに日日に新たに又日に新たなり」の『大学』から、易難先后は「損は難を先にして易を後にす」の繫辞伝から、彬彬は「文質彬々」の『論語』からそれぞれとっています。

これを見ると、もう漢詩を作ることは楽しみでもあるし、自分の氣持ちを詩の中に入れて、自分自身の願いや希望、満足感、将来への思い等々が入っていると感じます。藤樹は古典の中から自分自身の生きる道を見つけ出すわけなので、日々に実践をする。いわゆる学者ではなくて、聖学とは修行の場であり実践の場であると考えていたように感じます。それは弟子を教える時にも同じ思いで、句読を覚えるのではなく、行動の仕方、実践力を磨きなさいという教え方をしています。特に、はっと氣が付くような教え方をしていると見えるので、この格致誠脩はそれぞれの古典の中から自分自身がはっと思うものを見つけ出して実践をしなさい、というように読むことが出来ます。

〇丙子之歳旦（二十九歳）

丙子之歳鶏旦。偶逢立春之節因有感。賦小詩以庶幾工夫之一助云爾。

格致誠脩貴日新　　格致誠脩日新を貴ぶ
易難先后不彬彬　　易難先后彬彬《ひんぴん》たらざらんや
料知聖學成功地　　料《はか》り知る聖学成功の地
氣朔今朝共是春　　気朔《きさく》今朝共にこれ春

丙子の歳旦たまたま立春の節に逢う。因って感有り。小詩を賦して工夫の一助を庶幾うとしかいう。

（『藤樹先生全集　一』）

「格致誠修」は（略）「致知格物」と同じように『大学』の八条目と考えてよい。「気朔」とは正月の元旦のこと。「易難先后彬々」とは、何が根本か何を枝末とすべきか、学問の着手のところは?、到着点は?、心に問うて見ればおのずかわかる、という意味に解したらよかろうか。心は天意をうけて天意のままに作用《はたら》く心である。天意のままに作用く心とは致良知の心である。こうした明確な悟覚に達するには、まだ時間をかす必要があるが、何かそんな感触をうけたというほどに理解してよかろう。小悟幾千、大悟数回、こういうことの積み重ねのうちに晩年の大悟徹底の域に到り得たのであろう。

（木村光徳『中江藤樹・熊澤蕃山』）

元日になって、暦の上でも季節の上でも春になった。こういう詩は年賀状に使います。お弟子さんに、さあこれからしっかり勉強しましょうとね。後半なんか特に説教調です。我々もそうだけれど、年賀状として作っているものは決して面白い詩はなかなか出来ない。でも、洒落た詩とか、成る程ああいうことだな！　とすぐ分かるようなものがあるといいわけね。この詩は典型的な元旦向けの教訓詩です。

（石川忠久談）

前述したように、二十九歳の時に「格致誠脩」を取り上げています。陽明学といえば格物致知・知行合一・事上磨錬とすぐに出てくる言葉ですが、藤樹もこの頃はまだ陽明学と正面から向き合ってはいない時期です。ただ相当氣になっている言葉なので、何度も漢詩のテーマにしたのだろうと思います。藤樹にすれば致知は知に致（いた）るであり、格物は物を格（ただ）すと読んでいます。藤樹は二十九歳の時点で、聖学を究めるためには大学の八条目を真剣に追及せねばならないと考えていたのでしょう。

ここでは十八年間真剣に考え続け実践を試みてきたけれども、なかなか思うようにいかなかった。しかし最近になってやっと体得したような氣持ちになり、実に心地よさを今朝は感じていると詠んだわけです。もっともこの時点では格物致知について真に自覚・体得したとは言えないわけで、晩年になって陽明学に本当に目覚め、格物は五事を格すことであり、致知は知に致ると解釈するに至ったわけです。

○庚辰之歳旦（三十三歳）

庚辰之鷄旦。將試觚。而心似有所得。因賦野詩一章。以爲將來躬行之戒云爾。

致知格物學雖新
十有八年意未眞
天佑復陽令至泰
今朝心地似回春

致知格物学新なりといえども
十有八年意いまだ真ならず
天佑陽に復し泰に至らしむ
今朝心地回春に似たり

庚辰之鶏旦。將に觚を試みんとす。而して心得る所有るに似たり。因って野詩一章を賦して似て將來躬行之戒と爲すとしか云う。

（『藤樹先生全集　一』）

「致知格物」とは『大学』の八条目の修為工夫のことである。「明徳」を明らかにしようと思えば平天下・治国・斉家・修身・正心・誠意・致知・格物の八つの修養をする必要がある。「致知・格物」は八つの修養を一事に集約していうのである。藤樹は晩年致知を致良知、格物を貎言視聴思の五事を正すことと解釈して、学問は良知の本体を悟覚することを先務とすることだ、とした。自分は十七歳『四書大全』を得て聖人の学に志したが、この今日にいたるまで十八年の間、迷から迷、大疑の連続で、真実を悟り得なかったが、心境のすこし程やっとその真実を体察し得たように思う。正月を迎えて新しい気分になって、心境のすがすがしさを感ずる。同じような意味の詩を二十九歳の時うたっている。

（木村光徳『中江藤樹・熊澤蕃山』）

元日に易をやったのだろう。「十有八年意未眞」とあるから、十八年間努力したが思うようにはならないと自分を振り返っている。なかなか勉強しても会得出来ないと謙遜している訳だ。致知格物などはそのまま取り込んでいるし、特に難しい言葉は使っていないから分かりやすい。

（石川忠久談）

藤樹は三十四歳の時に、二、三の弟子と一緒に伊勢神宮への旅をしました。これは俗に言うおかげ参りでしょう。おかげ参り自体は庶民が現世における自分自身の幸せを伊勢神宮にお願いに行くということで、集団による参拝が行われるようになっていったわけですが、織田信長が関所の撤廃を行い交通が非常に便利になったために、おかげ参りが更に一層進んだと考えられています。

藤樹は自分が伊勢神宮を信仰して参拝したわけでなく、日本人の先祖、日本人の心の拠り所となっている朝廷の先祖を祀った場所であるから一度は出かけるべきであろうと考えたのでしょう。弟子の淵岡山にも、江戸に行く時には伊勢神宮を参拝するようにと後年勧めています。伊勢神宮については深い思い入れがあるわけではないと思うので、石川先生の言われるように、ごく一般的で儀礼的なものを漢詩として表したのだろうという氣は致します。

いずれにしても伊勢神宮に参拝したという事実が、後年限りなく重いものになっていったと思われます。

○参拝　太神宮準祝詞（三十四歳）

辛巳之歳夏之中。参拝太神宮。綴野詩抒卑志。誠恐誠惶。謹述卑懐以準祝詞云爾。

中江原再拝

光華孝徳續無窮　　光華孝徳續いて窮まりなく
正與犠皇業亦同　　正に犠皇と業もまた同じ
黙禱聖人神道教　　黙禱す聖人神道の教
照臨六合太神宮　　六合照臨したまへ太神宮

（『藤樹先生全集　一』）

藤樹が伊勢の太神宮に参拝したのは、「辛巳の歳」すなわち寛永十八年（一六四一）、三

十四歳の夏のことであるが、このとき彼は「太神宮に参拝し……誠恐誠惶、謹しんで卑懐を述べ、以て祝詞に準ず」と前書して、

光華孝徳続無窮　正与犠皇業亦同
黙禱聖人神道教　照臨六合太神宮

の詩を賦している。詩中の「犠皇（ぎこう）」とは中国で『易』の八卦の制作者とされる伝説的な聖王の伏犠（ふくぎ）。「神道の教」は『易』の観の卦の彖伝に「天の神道に観て四時忒（たがわ）わず、聖人は神道を以て教を設く」とあるのに本づく。また「光華」といい「照臨六合」というのは、先人も既に指摘しているように、『日本書記』巻一に「此の子、光華明彩、六合の内に照徹す」をふまえた表現であろう。これらの詩句によって藤樹の学問教養が儒書だけでなく日本の古典にも及んでいることが知られる。

（「中江藤樹と神道」福永光司『日本思想大系』月報）

「太神宮準祝詞」、大神宮に祝詞を詠んだ。分別が足りない自分の考えを述べてお祝いの言葉にしたいと思います、と謙遜しているわけだ。

「照臨六合太神宮」、古の聖人の神道の教えが天地中照らしている。その要にあるのが大神

宮だと言っている。神社にお参りした時の敬虔な氣持ちを表している。「默禱聖人神道教　照臨六合太神宮」、まあ、定型文句だな。神宮にお参りして敬虔な氣持ちでお祈りしたということを、定型文句で読んだ。典型的な儀式としての詩ですね。

（石川忠久談）

熊澤蕃山はもともと熊澤の姓ではなく、熊澤は母方の姓です。中江藤樹と同じように、お祖父さんの所に行って、その姓を継いだわけです。母方の祖父熊澤守久は、水戸藩主徳川頼房に仕えて三百石取りの武士でした。蕃山は八歳の時に母親に連れられて水戸へ行き、それ以降は祖父の守久の元で養育されました。藤樹が中江家を継承するのと同じように、熊澤家を継承したわけです。蕃山は字句の解釈を求めたのではなくて、その心を求めるような弟子で、藤樹は人を教える時の心構えや教育の仕方等、自分の持っているものを全面的に注ぎ込んだのではないかという感じがします。蕃山は二十三歳の時に入門を許されましたが、きちんと教わったのは二十四歳の時でした。八ヶ月間小川村に滞在し、直に詳しく藤樹学を学びました。その後は書簡による、いわゆる通信教育を行なったわけです。

他の弟子たちと比べて、熊澤蕃山は特別な弟子でした。私が弟子を分類して、英才教育・中才教育・鈍才教育の三種類に分けましたが、蕃山はその中には入らず、特別教育ではないかと感じています。師の藤樹から特別扱いを受けた蕃山が師の元を辞す時に、藤樹が心を込めて練りに練った壮行の詩を作ったわけです。普通の師匠と弟子という間柄を超えた、特別な間柄と思わせる漢詩です。

○送熊澤子　壬午之夏　　熊澤子を送る（壬午の夏）（三十五歳）

詩云。悠々昊天。曰父母且。由是觀之。火食而堅立者。四海之内。皆兄弟也。而其中或有以性命相友愛者。或有以面貌相友愛者。或有顛連而无告者。今吾於熊澤子似以性命相友愛者。是以愚雖无不孤之德。往年辛巳之秋。謬與有隣之訪。而推其所以相識之由有同聲相應同氣相求之機焉。人乎天也。故講習討論。心心相通融。而甚喜得輔仁之益莫逆之寄趣。今逮中庸之講終篇而皈省。因賦中庸要旨以竊比於送言之事云爾。

淵鑑惟幸　　淵鑑惟れ幸いなり
動而無動靜無靜　　動いて動くなく静にして静なることなし
無倚圓神未發中　　無倚円神未発の中
愼獨玄機必於是　　慎独の玄機必ず是に於いてす

上天之載自融通　　上天の載《こと》も自ら融通

熊澤子を送る。（壬午之夏）

詩に云く、悠々たる昊天、曰く父母なりと。是に由って之を観れば、火食して竪立する者、四海の内皆兄弟なり。而して其の中或は性命を以て相友愛する者あり、或は面貌を以て相友愛する者あり。或は顛連して告ぐるなき者あり。今吾熊澤子に於いて、性命を以て相友愛する者に似たり。是を以て愚孤ならざるの徳なしと雖も、往年辛巳の秋、謬って有隣の訪に与り、而して其の相識る所以の由を推すに、同声相応じ、同気相求むるの機あり。人ならんや天なり。故に講習討論、心心相通融して、而して甚だ輔仁の益、莫逆の寄趣を得たるを喜ぶ。今中庸の講篇を終うるに逮びて帰省す。因って中庸の要旨を賦して以て竊に送言の事に比すとしかいう。（『藤樹先生全集　一』）

詩に天は父母だといっている。だから四海の内は皆父母の子で兄弟である。がその交わりを見ると、人の本性や天命に従って交わる者もあり、面貌を以て交わる者もあり、また無縁の人もある。しかし私と熊澤子とは性と命とを以て交わる者のようである。だから同声相応じ同気相求め、心心相通融し有益親密の仲となった。これはたしかに天命だ。淵を鑑《かがみ》としよう。淵は静かだがその中に生きて動いているものがある。人も淵の静かなように、内に偏せず党せず円満なものを持っていて、一度発すればいつも節に中ることができるようにする。それには慎独が必要である。独りを慎しんで未発の中を養って行けば天地の事、天地の理に通融する、というので、これは中庸の要点であると同時に藤樹学のねらいであり、藤樹心学の趣旨でもある。全体を通じて蕃山に対する親愛・信頼の感があふれている。

（後藤三郎『中江藤樹伝及び道統』）

動いても動かない。静かなようで静かでない。欠ける所のない丸い神様。まだそれが外に出ない。思想詩というか哲学詩というか。静かな所に真実があるということを言いたいのだね。静とか動とかは世の中の見方であって、静も動も同じだと言っている。

蕃山を褒めているわけです。相手はこれから外に向かって色々開く、まだそれは中にこもっている。未発なのだと。いかにも蕃山を送るというのにふさわしいという意味で冒頭に出したいな。こういう詩をもらったら、これは大変だ。とても期待されている。先生が一生懸命考えて、腕によりをかけて作った。「慎独の玄機必ず是に於いてす」など、相当練っている。

こういう詩は訳が分かったような分からないような言い方なのだけれど、読んでいるうちに成る程となる。

（石川忠久談）

藤樹は四十一歳で亡くなったので、三十八歳はもう晩年です。この頃は喘息に苦しめられてはいるけれども、自分が目指す聖学の道、その実践行為は自分なりに納得いくものであるし、集まって来ている弟子たちに対する教育が順調に進んでいるという、何となくホッとしている頃だと思います。

○乙酉之歳旦（三十八歳）

古來難聞者道。天下難得者同士。而同志數輩相遇。講心學於江西之僻壤。誠可謂大幸也。然唯慚未克有道義於身而已矣。今乙酉之歳朔至。而春未立。恰似吾人有志而極未立。肆綴鄙詩一絶以勵講習之務云爾。

習若密雲名利埃　　習は密雲の若し名利は埃

何時白日靑天開　　何の時か白日靑天開けん

吾人學問似今旦　　吾人の學問今旦に似たり

朔已雖来春未回　　朔すでに来たると雖も未だ春回らず

己酉之歳旦。

古來聞き難き者は道。天下得難き者は同志なり。而も同志數輩相い遇って心學を江西の僻壤に講ず。誠に大幸と謂うべし。然れども唯だ道義を身に克はざるを慚ずるしかのみ。今己酉之歳朔至って而して春未だ立たず。恰も吾人志有って極未だ立たざるに似たり。肆に鄙詩一絶を綴り似て講習の務を勵ますとかいう。

（『藤樹先生全集　一』）

正保二年（一六四五）の正月、藤樹は「古来、聞キ難キハ道、天下ニ得難キハ同志ナリ。而モ同志数輩相ヒ遇ツテ、心学ヲ江西ノ僻壌ニ構ズ。誠ニ大幸ト謂フベシ」と書いた。これは同志たちと行なう学問と教育の活動がともかく軌道にのっていることを認めた発言であり、藤樹としては珍しく如何にも幸福そうな気分を率直に表現している。しかし彼はやはり現状に安閑とすることなく、すぐつづけて道義を身につけるにいたっていないと反省し、元旦なのにまだ春が来ていないのを自分の学問に引きよせてみて、自らを戒め励まそうと、こんな詩をつくっている。

藤樹は晩年の弟子宛の書簡で、しきりに明徳を暗くする五つの病をあげ、それを追い払い、治さなければならぬと言っていた（佃叔宛、正保二年、同四年夏。森村長宛、年月詳）。五つの病とは、習心、好悪の執滞（好み悪むことが心にとどこおること）、是非の素定（是非を初めから定めてしまうこと）、名利の欲、形気の便（酒色の欲、生活上の利益を求めること）であった。いまあげた正月の詩には、このうち習心と名利の欲の二つがあげられ、それぞれ密雲と埃にたとえられており、これらの背後には常に白日青天があるから、こういうものは、ぜひとも取り除いてしまいたいと言うのである。

（山住正己『中江藤樹』）

「何時白日青天開」……いつになったら青い空に太陽が出てくるか。

我々の学問は、今朝（元日）に似たり。時は巡っているけれども春はまだ来ていない。新しい年が来たのだから、うかうかするなと教育しているわけです。発奮するかどうかは人による。ただ、単にお話をするよりも、こういうものを用いる方が膨らんでくるわけですな。雅になる。

弟子に対して「勉強しろ」とかあからさまに言うよりも、言い方は含蓄がある。

「吾人學問似今旦」で、えっ！　と思わせておいて、「朔已雖来春未回」で成る程！　となる。言いたい事がなんであるか、間接的に言うわけね。それが分からない者は、困ったものだ！

もう少し勉強なさいということでしょう。

（石川忠久談）

藤樹は妻の久が亡くなり、長男の虎之助が満三歳二ヶ月、次男の鐺之助は三ヶ月、母の市は六十九歳でした。今まで家庭のことは一切妻に頼りきりだったので、藤樹は困惑したのでしょう。親しい弟子の晦養軒には、子供が沢山いて大変難儀をしているという手紙を出しています。子供は二人しかいないので、そういう連絡の仕方はどうかなと感じますが、そういう状況の中で、三十九歳という本当の最晩年で自分で自分の心を自由に動かすことが出来るようになった。素晴らしいでしょう、えへんえへん！　というような漢詩を作りました。

この漢詩を送った晦養軒は京都の公家に仕えていた人で、藤樹としてはかなり親しみを持っていた人物です。自分としては悟りの境地に入ったという氣持ちがあるけれども、誰にも言ってはいけませんと念押しをした上で、こういう漢詩を送ったわけでしょう。悟りの境地と言ってもよいのでしょうが、中村天風先生の十牛図解説のどこに当たるのだろうかと考えたりしております。

触波不散碧潭月
就手漸馴朱蹄駒
経歴人間多少険
老来始得出天衢

波に触れて散せず碧澤の月
手について漸く馴るる朱蹄の駒
人間多少の険を経歴して
老来始めて天衢《てんく》に出ずることを得たり
（『藤樹先生全集　二』）

苦難を共にした夫婦であった。藤樹が妻帯した三十のとしは、生活の安定とてもない貧窮のどん底であった。苦労を分ちあいの十年間であった。弟子もふえ、やっと生活の安定が得られようとする時、年僅か二十六歳で亡くなった。三歳の幼児と三ヵ月の乳児を残して世を去る高橋氏は心残りのことであったろう。藤樹にしてみれば、陽の目を見せることもなく亡くしたことが悔やまれたことであろう。しかし、こうした逆境の中にあって藤樹の心境はますます冴えて来た。清澄の境地に到ることができた。「波に触れて」「手について漸く馴るる」「人間多少の険を経歴して」というのは同じ意味で、ままならぬ人生の苦悩をなめて来た、という意味であろう。「碧潭の月」というのも「漸く馴るる朱蹄の駒」というのも、「天衢」というのも天空濶達、何のさまたげもない自由の天路という意味に解してよかろう。詩の意味は「いろいろな苦悩の中に人生を渡って来たが、その苦労のおかげで、苦労に砕けない心境を得たし、天空悔濶の自由な天路に遊ぶことができるようになった」ということであろう。藤樹のかくも誇り高く自負に満ちた声はかつて聞いたことのないものであった。しかも、若き妻を亡くした悲しみの絶頂の中に発せられたことばである。かくも高きことばは、慠れる心を最も卑しみ、かかる心を「悪魔」の道と蔑んだ藤樹だけに格別の響きを持つ。

（木村光徳『中江藤樹・熊澤蕃山』）

三十九歳の若さでこのような詩を作るとは、大変なことですね。今の年齢からすれば早いけれど、こういう昔の人は四十になったら老人だからね。三十九歳だから、老来という言葉を使ってもおかしくはない。もっとも四十一歳の生涯だったのだから、最晩年といってもよい訳か。漢詩としては平仄もあっているし、韻も踏んでいる。七言絶句の作り方としてはまともです。こういう詩の場合は見る人が見ればすぐわかるからね、きれいに出来ている。

（石川忠久談）

前述した通り藤樹は四十一歳で亡くなったので、この詩は亡くなる前の年に作られています。藤樹としては自分の寿命をある程度感じていたのだと思います。

大野了佐を医者にすべく「捷径医筌」を書きました。その時手に入る限りの相当な数の医学書を買い求めて読み込み、読みこなし、自分の納得したものを文章にして「捷径医筌」を作ったわけです。漢詩も中国の古典を読み込み、自分自身のものにした上で、さりげなくどこから引用したか専門家には分かるような構成になっています。

そこまで来ると、藤樹は弟子たちに対して適切なアドバイスをしたい。残っている資料を見ると個人の能力や性格によって一人一人違う表現をしています。石川忠久先生の言では「お説教が多いねえ」ということですが、お説教とは教訓詩になるのだと思っています。

佐藤一斎の言葉にありますが、人間は師匠を持つべきで、第一等は天地自然を師とする、第二等は素晴らしい人格の人物を師とする、三番目は古今東西の書物をよく読み、その中から師とする書物を選んで師にする。そういう努力をして自分を磨いていかねばならない。やはり人間は大成していく上で師匠が必要であるということです。

藤樹は師匠が天梁和尚一人しかおりませんでした。それが佐藤一斎の言葉にあわせると第二の師匠ということになりますが、第三の師匠である書物からありとあらゆる知識を習得していったと思います。その中で、天地自然の素晴らしさを実感したのでしょう。その上で、この詩を残したのだと感じます。

○丁亥正月之吉試翰之次偶成（四十歳）

中江原拙稿

天上無心生泰陽　天上心なくして泰陽を生ず
人閒有意喜新正　人間意あって新正を喜ぶ
人閒天上本無異　人間天上もと異るなし
日用良知惟至誠　日用の良知惟れ至誠

（『藤樹先生全集　一』）

太陽は今日も東から無心に登ってきた。人間は日に年に時をすごし日を送り、年を迎える。年々歳々これ同じことながら、正月は特別に喜ばしい。自然界はこの繰り返しながら万物はその間に生々と育つ。人間界とて自然界と別事ではない。日々年々に本体良知にいだかれて日用に誠を尽くすのみである。

（木村光徳『中江藤樹・熊澤蕃山』）

これは教訓詩というべきものですね。漢詩の形は整っており、韻もきちんと踏み、皆中身は規則にあっている。漢詩としては良いものですが、中身はお弟子さんたちを教育したいという意図がはっきり出ています。典型的な教訓詩であるように感じます。もう晩年ということだから、こういう心境なのかな。
（石川忠久談）

『藤樹先生全集　一』の中に「明徳首尾吟」は入っています。しかし「明徳首尾吟」と書いた後に、「此の以下の詩は年次詳らかならず」としてあります。いつ作られたものかはっきりしないということです。「明徳首尾吟」と「死生首尾吟」については、石川忠久先生に詳しく解説して戴きました。

「石川忠久談」としてあるのは、私が先生にお伺いして先生が答えて下さるという形式でお聞きしましたので、先生が文章を起こされたわけではありません。藤樹の漢詩を見て戴いて、その時の状況とか説明は委細しないで、純粋に漢詩だけ見て戴いてどう思われたかをテープにとり文章に直しましたから、みな話し言葉で書いてあります。そこでお説教とか、ミソとか、あまり文章では使わない言葉が入っていますが、そこは先生の雰囲氣を出すためにそのまま書かせて戴いております。

ちなみにこの本は、安岡正篤先生が関係して誕生した明徳出版社で出版させて戴きます。明徳出版社の社長さんがこの「明徳首尾吟」をみてどう思うかというところも大変興味のあるところです。

○明徳首尾吟

原是太虚月一團　　原と是れ太虚月一團
怒雷陰雨甚無端　　怒雷陰雨甚だ端なし
陣々西風雲霽后　　陣々西風雲霽るゝ后
原是太虚月一團　　原是れ太虚月一團

（『藤樹先生全集　一』）

象徴的なお説教の詩です。要するに、月に叢雲のようなものがあったのでは駄目なのですね。雨が降っても駄目。晴れて秋風がサーッと吹いて丸い月が出る。こういうのが望ましい心の持ちようだと言っているのです。明徳というものを具体的に物で表している。明るい徳とは、物で言えば、秋風が吹いた後、空が晴れて丸い月が出てくるようなものなのだ、ということを分からせているわけ。

まあ、思想の詩ですね。思想であり、説教も入っている。死生と言っているからね。初めと終わり、そういうものは避けられないが、それをどう歌うか。ものの喩えで歌っているでしょう。澄んだ空に月が出ている。光が水に映っている……こういうのは、あらまほしきものです。

「原是太虚月一團　怒雷陰雨甚無端」……大空に月が丸く出ている。それがあらまほしき姿なのだけれど、ところが実際には雷が鳴ったり雨が降ったりして隠されてしまう。

「陣々西風雲霽后　原是太虚月一團」……そこへひとしきり良い秋風が吹いて、それによって雲が払われた。その後に、もともと大空に丸い月が出ているわけだ。それが現れた。これは一つの哲学的な真実というわけね。明徳というものを清風に喩えたわけ。西風が吹いて邪なものが払われて、そして丸い月、真実というかな、これが現れた。

（石川忠久談）

漢詩は事実を事実通り説明で詠っては何の面白味もないと聞いております。事実をベースにして色々なものを喩えて、自分が主張したいテーマを詩で詠うわけです。漢詩をご紹介した中で、純粋な漢詩としてはこの「死生首尾吟」が最後になります。石川先生は日本の漢詩学界で最高峰におられる方なので、詩の作り方についても普通に話をされましたが、あえてここはそのまま掲載させて戴きました。漢詩に馴染んでいる方にはちょっと楽しい部分かなとも思います。また漢詩に御縁のない方にとっては意味が通じませんから、さらっと読み流して戴いて結構です。

○死生首尾吟

湛然虚明一池水　　湛然虚明一池の水
嚴凛寒氣堅氷至　　嚴凛寒氣堅氷至る
春來風光和煦時　　春來り風光和煦の時
湛然虚明一池水　　湛然虚明一池の水

（『藤樹先生全集　一』）

水を湛えた池の水が大空の月を照らしている。一つの池の水によって、虚と明が照らされる。虚は月の光の方、明は月そのものです。

冬になって厳しい寒さが来ると、池の水が氷る。池水に映った月はなくなるが、しかし春が来ると風が吹いて光が柔らいで、暖かさがやって来る。氷が解けて水が湛えられ、もとのように池の水が鏡のように明るく照らしてくれる。

春の風光に乗って和らいだ様子。池の水も湛えている。「一」は池を強調しているわけです。池の水が湛えられることによって、月の光や日の光、風、こういったものが見えてくる。映るわけだね。

「死生首尾吟」という題をつけたのは、人間の生死のようなものを、あからさまに歌ったのでは詩にならないから、喩えで言っているわけです。生と死を光に喩えている。詩として面白い。「水」という字を二度使っている。これが一つのミソになっている。「至」という所で韻を踏んでいるわけね。「時」は平字です。後は「水」「至」と平でない字を使っている。普通は平字を韻に使うのだけれども、この詩は逆をいったわけ。韻を踏まなくてもよいところに「時」という平字を使っている。逆に韻を踏むところは、普通韻に使わない字を使っている。しかも「水」を繰り返している。これが一つのミソで、意図的なのです。一池水を二度使っている。強調しているわけね。

ただ詩として面白いかと言えば、それは人によって違うね。こういう詩は教訓詩だから。

（石川忠久談）

連句・やまとうた

漢詩、やまとうた両方に自信のある人、また実力のある人が教養のある遊びとして、二人で漢詩とやまとうたの応酬をして時を過ごした。相当力のある者でないとそういうことは出来ないし、若い頃その氣になって連句を試みたということのようです。

連句については『藤樹先生全集』の中に収録されていますが、藤樹の評伝等や研究書を書かれた方々は、あまり漢詩・やまとうたの連句には触れていません。藤樹学という観点からすると、あまり重きを置かない部分なのだろうと感じます。ただ私は、藤樹の人柄を見る上においては、このような連句ややまとうたの存在を無視してはならないと思っています。

藤樹が母親のことを思って元旦に始めて作った漢詩の初めに、詩法に泥まずという言葉を出していますが、これは謙遜の意味であろうと思っていました。藤樹が聖学に向けて必死になって勉強した時の情熱の注ぎ方とはまるで違う、やはり漢詩、やまとうたは自分の余技であり、心にゆとりがある時、心に屈託がある時、心の思いを何かの形で表したい時、弟子からの質問に対して成る程と分かるような表現で表したいと感じた時……そういう時に、特にやまとうたなどを活用したのではないかと感じます。

連句とやまとうたは続けてご紹介致します。やまとうたについては、もともと濁点等はなかったとのことです。それを『藤樹先生全集 二』に小川喜代藏という方が纏められた際、分かりやすく附したとあります。

漢倭聯句

悳色《スノ》レ成蹊李《ヲ》　　花のにほひにめでし鸎《ウグヒス》　玄菴
うらゝなる日陰に　　舞袖和《シテ》レ風寄《ニナリ》　玄
　こてうむらがりて
雨脚達《シテ》レ雲走《ニリ》　玄　　天心由《ツテ》レ道移《ニル》
すみ水にやどるは　玄　　殷鑑照《ラス》二安危《ヲ》一
　まこと秋の月
斷髩制《ス》二諸候《ヲ》一　玄　　かしこきは先
　　身を治ぬる

（『藤樹先生全集　一』）

　昔の人は連句はよくやりますよ。実力のある人が遊びでやる。知識のない人は出来ない。ことに和歌の素養がないと出来ない。高級な遊びだね。逆に言うと、こういうことはもう後になってやらなくなった。一時期そういうのが流行った。新鮮な感じがしたのでしょう。

（石川忠久談）

やまとうた

倭文集一

倭歌一（正編）

妙にして又妙なるは昧からぬ
こゝろすなはち天地のみち

ひたすらにむさぼりぬるとむさぼらぬ
こゝろそのまゝ富貴貧賤

意必固我四ツの角なき心にて
すめば憂世もつねに丸山

外にねがふ百の思悔を打捨よ
　良知の外に利も徳もなし
貧《まづしき》も富も長閑にすむ春の
　柳はみどり花はくれなゐ

死生首尾吟
波たゝぬ水に氷のむすぼれて
　とくればもとの波たゝぬ水

倭歌二（續編）
古も今もかはらぬたのしみは
　妙なる心天地の本
何事も皆あそびなる世の中を
　苦と見る人ぞはかなき

暗くともたゞ一向にすゝみ行け
　心の月のはれやせんもし

知らざりし己が爲にとはかりける
　意《こころ》　則《すなはち》　地獄なりけり

悟りきや佛の道をつぐ人の
　世にながらへてたのしめるとは

人間生

好悪《よしあし》の色に心をとゞめねば
　柳はみどり花は紅

世の中はとてもかくてもありぬべし
　心一つを住家と思へば

知本

はかなくも悟りいづこに求めけん
　誠の道は我にそなはる

夏夜見月

くらからぬ心を常にたのしめば
　いづれさやけき月をこそ見れ

學び得て後の心とくらぶれば
　昔はよくぞまぬがれにけり

良知とはなにをいわまのこけむしろ
　きげんのよきに如くものはなし。

倭歌三（補遺）

くやむなよありし昔は是非もなし
　　ひたすらただせ當下一念。

明明徳

いかで我こゝろの月をあらはして
　　やみにまどへる人をてらさむ

故郷月

僞のなき身なりせば古里の
　　月の光もさやかならまし

柔能制剛

苔むせるいわをを輕くたゞよはす
　　いきおひいかに山川の水

（『藤樹先生全集　二』小川喜代藏）

余話

正直な馬子

熊澤蕃山が藤樹の門下に入るきっかけとなった話です。従って実話です。

加賀の飛脚が、加賀藩の公儀の金子二百両を京都の屋敷まで届けるようにと言いつかって出掛けたときの話です。京都に行く途中に江州河原市で馬を雇い、小松で馬を乗り換えて榎木の定宿に着いた所で、二百両を入れた袋がないことに氣が付きました。考えてみると、小松で馬を乗り換える時に鞍の下に入れた二百両を取り忘れたのだと思い出したのですが、どうにもならなくて青くなりました。もしも大金が戻らなければ、当然飛脚自身の命はないし、親兄弟にも同じように迷惑をかける。大変な失態を犯したと思い、生きた心地がしませんでした。

そこへ河原市で乗った時の馬子が二百両入った袋を見つけて宿へ届けに来ました。飛脚は涙を流しながら喜びました。そして礼に十五両を出したところ、馬子はそんな大金は受け取れませんと帰ろうとしたので、十五両で多いなら十両だけでも受け取って下さいと言いましたが、馬子は受け取りません。それではその半分をと言いましたら、いやいやとんでもないと答えます。では二両だけでもと言いましたが、それでも受け取りません。せめて（一両の半分の）二歩を受け取って下さいと頼んだところ、馬子が「お礼を受け取るつもりはまるでありませんが、飛脚さんの氣持ちが済まないというのなら、（一両の二十分の一の）二百匁をここまで届けた駄賃として戴きましょう」と言いました。

馬子は貰った二百匁で酒と肴を買い、宿の人たちと酒を酌み交わして氣持ちよく帰っていこうとしたので、飛脚はその正直さに感激し、これはただの馬子ではない、大変な人物だと思い、せめて名前だけでも教えて下さいと聞いたところ、「名乗る者ではありません。一介の馬子です。私は小川村の中江与右衛門さんから、『親には孝行を尽くしなさい。主人は大切にしなさい。人のものは盗ってはいけません。無理非道は行うものではありません。それから嘘はついてはいけません』といつも聞いています。与右衛門さんは、昼間は自分が開いている塾で弟子たちに講義をし、夜になるとあちこち出掛けて講釈をしておられ、私も時々話を聞いています。このお金は私のものではありませんから、届けるのは当たり前なのです」と答えたという話です。

この話を熊澤蕃山が聞いて、そこまで馬子に教育出来るのは普通の学者ではない、私が探している本物の学者ではなかろうか、是非その中江与右衛門という学者に会って教えを請いたいと思い藤樹を尋ねて行きました。このとき藤樹は蕃山の入門を許可しませんでしたが、後日、許可をしています。

馬子の手助け

米俵をたくさん乗せた荷車が田んぼの中に輪を落としてしまい、馬子が途方に暮れているのを藤樹がたまたま見かけました。その様子を見ている人はいましたが、誰も助けようとはしません。この時代は士農工商ですから、同じ階級の者同士は助けるということはありますが、自分より低い階級の人を助けることなど普通はしません。

藤樹はその様子を見て、「やあやあ馬子よ。私が手伝おう。お前は手綱を引いて馬を引っ張りなさい」と言って、袴をたくし上げ田んぼの中に入り、車の輪を肩に乗せ荷車を押し出そうとしました。それを見た村人は驚いて、お侍さんが馬子を助けようとしている、我々は見るだけで手助けをしないのはとんでもないことだと一緒になって力を合わせ、あっという間に車を引っ張り上げたということです。

これは藤樹・積善の話です。この話は、近江聖人中江藤樹記念館が発行した『中江藤樹入門』の中に載っています。明治四十四年（一九一一）刊行の河村定静著『中江藤樹百話』におさめられた話とのことです。

川に橋をかける

真冬の寒い時でも村人たちは凍りついた川に素足で入って渡ることを繰り返していました。藤樹は自分の弟子や村の有力者たちと相談をして、川に橋をかけようではないかと提案しました。藤樹は善悪応報ということを信じていたので、世のため人のためと思い実行したわけでしょう。

今の人が考えれば、年寄りが馬鹿なことをやっていると思いがちですが、藤樹はこういう行動は全て、私は聖学を学んでいるので聖人を目指して努力しています。聖人を目指す人にとって学問は単なる書物の上だけのことではありません。現実に実行しなければ本物の学問とは言えません。私一人でもこういう善い事は実行しますと行動し続けていたのでしょう。

人に知られるためにやるのではない。世のため人のためになると思うから、黙って実行する。自分が率先して陰徳を積む日々だったのでしょう。その結果、後世になって近江聖人と呼ばれることになりました。

この話は『藤樹先生行状』に収められています。

あかぎれ膏薬

母なる人は我子の傻しき心に惹入れられて共に涙に咽びしが忽ち思ひ返しけん態と声を励まして「コレ藤太郎、和郎は此母の言葉を忘れましたか、和郎を叔父様に頼む時此母が何と言ひました、一旦国を出たからは天晴立派な人にならぬ内は決して途中に帰るなと彼程堅く言ひ聞かせた事を忘れましたか、孟子の母が機を断った事位は叔父様のお話で聞きましたろう、何故叔父様に黙って爾な事を仕て呉れた、此母が難儀を忍ぶのも唯和郎を立派な者に仕度ひ計り、立派な者にもならないで家に居て手助を仕て呉れたとて嬉しくはありません、是れまでも独りで来たものなら独りで帰れぬ事はあるまい、母は再び逢ひませぬから其足で直ぐ大洲までお帰りなさい」余りの事に藤太郎は黙然として言葉も出ず、気にも心にも力抜けて雪の上に脆きぬ、母は其失望せる様子を見て痛はしさ哀れさ胸に満ち、斯くも我身を思ふて来りしものを、百里の道の独旅、定めて憂き事も辛き事も多かりしならんせめて一日なりとも家に入れて旅の疲れを休めさせせんかと恩愛の情に心も乱れんとするを忽ちにして復た思ひ直し、生中に羽き心を見せなば修行の邪魔、獅子は子を千仞の谷に落すと聞くものを、「藤太郎和郎は母の言ふ事が分りませぬか」と強くは叱れど声は沾みぬ。

（『藤樹先生全集　五』）

この話は村井弦斎という人が「近江聖人」という話を創作したものです。全集に加藤盛一氏が「新谷には霊薬を売る家があったと言い伝えがあり、風早では藤樹の祖父を叔父と伝えてきた人たちのいることを確認したので、弦斎のもとにこの二つの伝説をもとに『近江聖人』を書いたのかと問い合わせの手紙を出しましたが、弦斎からの返事は得られなかった」とあります。これは一九二三年のことで、加藤盛一氏はその後の現地調査の結果をつきあわせて、弦斎は確実な根拠を持たず、口碑をもとに新たに構想したのだと断定しています。

村井弦斎の「近江聖人」は創作であるということですが、その文章は引き込まれてしまいそうな文章で、後世に至るもこの話は事実として広がっていき、世に相当な影響を与えています。猶つけ加えます。過日大洲市に行ったのですが、大洲市立博物館に寄った際、展示物紹介コーナーの解説で創作としてあったのを見て、なる程と思いました。

略年譜・参考文献

略年譜

和暦	西暦	年齢	事跡
天正一一	一五八三		祖父吉長、加藤光泰に仕える。（百五十石）
慶長一三	一六〇八	1	近江国高島郡小川村生。
元和　二	一六一六	9	米子藩主加藤貞泰の家臣であった祖父吉長の養子となり、米子へ移り、初めて読み書きを習う。
三	一六一七	10	藩主の転封により伊予大洲へ移る。
七	一六二一	14	曹渓院天梁和尚に書や漢詩連句を学ぶ。
八	一六二二	15	元服。祖父吉長没。
寛永　元	一六二四	17	京都から来た禅僧に『論語』を学ぶ。『四書大全』を購入して熟読。
三	一六二六	19	郡奉行に登用される。
五	一六二八	21	『大学啓蒙』を著述。
七	一六三〇	23	「安昌、玄同を弑するの論」を著述。
八	一六三一	24	「林氏、髪を剃り位を受くるの弁」を著述。
九	一六三二	25	近江に帰省し、大洲へ戻る船中で喘息発病。
一一	一六三四	27	辞職願を家老に提出。許可なく脱藩。近江に帰省する。
一四	一六三七	30	伊勢亀山藩士高橋小平太の娘久（十七歳）と結婚。

一五	一六三八	31	『持敬図説』『原人』を著述。大野了佐入門。のち彼のために『捷径医筌』を著述。
一六	一六三九	32	「藤樹規」「学舎座右戒」を作る。『論語郷党啓蒙翼伝』を著述。
一七	一六四〇	33	『翁問答』を著述。毎朝、『孝経』を拝誦。
一八	一六四一	34	『孝経啓蒙』を著述。伊勢神宮参拝。熊澤蕃山入門。
一九	一六四二	35	長男宣伯誕生。
二〇	一六四三	36	『小医南針』を著述。
正保　元	一六四四	37	『神方奇術』を著述。『陽明全集』を購入。淵岡山入門。
三	一六四六	39	次男仲樹誕生。久夫人没。
四	一六四七	40	大溝藩士別所友武の娘布里と再婚。『鑑草』を刊行。
慶安　元	一六四八	41	三男常省誕生。藤樹没。

（山住正己著『中江藤樹』朝日新聞社を参考にして作成）

参考文献

藤樹先生全集　全五巻　加藤盛一・高橋俊乗　岩波書店
中江藤樹　日本思想大系　小川喜代藏・柴田甚五郎
日本の陽明学（上）陽明学大系第八巻　山井湧　岩波書店
日本之陽明学　柳町達也 他　明德出版社
中江藤樹伝及び道統　高瀬武次郎著　鐵華書院
中江藤樹の道徳思想　後藤三郎著　理想社
日本における陽明学の系譜　後藤三郎著　理想社
日本陽明学奇蹟の系譜　安藤英男著　新人物往来社
中江藤樹・熊沢蕃山　叢書日本の思想家4　大橋健二著　叢文社
中江藤樹　道に志し孝を尽くし徳を養う生き方　木村光徳・牛尾春夫著　明德出版社
評伝・中江藤樹　久保田暁一著　致知出版社
中江藤樹　朝日評伝選　林田明大著　三五館
代表的日本人　山住正己著　朝日新聞社
「代表的日本人」を読む　内村鑑三著・鈴木範久訳　岩波文庫
内村鑑三の「代表的日本人」を読む　鈴木範久著　大明堂
岬龍一郎著　致知出版社

参考文献

中江藤樹の学徳　西晋一郎著　木南卓一発行
藤樹学講話　西晋一郎著　木南卓一発行
國民道徳講話　西晋一郎著　木南卓一発行
論語解・經解・詩　中江藤樹著　木南卓一発行
孝経啓蒙　並　孝経講義聞書國譯孝経並原文　中江藤樹原書・西晋一郎略解　木南卓一発行
中国思想における理想と現実　岡田武彦著　木耳社
藤樹学の成立に関する研究　木村光徳著　風間書房
中江藤樹の総合的研究　古川治著　ぺりかん社
中江藤樹　シリーズ陽明学　古川治著　明徳出版社
陽明学　第二号　中江藤樹特集号　二松学舎大学陽明学研究所
物語　中江藤樹　松下亀太郎著　(財) 藤樹書院
翁問答　中江藤樹著　(財) 藤樹書院
現代語新訳『鑑草』〈関西外大教員養成研究会・日本総合教育研究会編訳〉　(財) 藤樹書院
小説中江藤樹　上・下　童門冬二著　学陽書房
「孝経」人生をひらく心得　伊與田覺著　致知出版社
白虎隊探求　笠井尚著　ラピュータ
わがふる里　近江の湖西　久保田暁一著　サンライズ印刷出版部
藤樹先生年譜　藤樹書院

中江藤樹入門　松本義懿著　近江聖人中江藤樹記念館
松本義懿教育選集　藤樹先生生誕四〇〇年祭実行委員会　近江聖人中江藤樹記念館
藤樹書院講座　藤樹先生生誕四〇〇年祭実行委員会
かながき孝経 ― 素読用 ―　さいわい徹脚本・画　滋賀県安曇川町
中江藤樹　さいわい徹脚本・画　滋賀県安曇川町
熊沢蕃山　小島毅著　ちくま文芸文庫
朱子学と陽明学　渡辺賢治著　講談社学術文庫
漢方医学　渡辺賢治著　ディスカヴァー・トゥエンティワン
未病図鑑　芳我一章著　編集　愛媛新聞サービスセンター
中江藤樹と大洲と　改訂版　芳我明彦著　現代書館
シリーズ藩物語　大津藩・新谷藩　藤田達生監修　愛媛県大洲市
大洲城下物語
ふるさと大洲歴史物語（大洲市中学生版歴史副読本）　大洲市教育委員会
鴻講録全（解読）　前田梅園原著　滋賀県高島郡高島町
公民館内ふるさとに学ぶ会
陽明学のすすめI　経営講話「抜本塞源論」　深澤賢治著　明徳出版社

あとがき

今年は社会的にみて歴史的な大変革期にあたると思います。コロナウィルスはそのひきがねを引いたと感じます。陽明学のすすめを十冊シリーズで書こうと決めて、ようやく八冊目にこぎつけました。次は西郷隆盛にチャレンジしたいと思っています。奇しくも日本の歴史的大変革であった明治維新の中心人物に筆をすすめる事となり、わくわくしております。

今回コロナ禍ですが、執筆中に愛媛県大洲市へ行きたいと強く思い、娘に同行してもらいました。大洲では藤樹先生青年像に出会え、嬉しくなりました。一般財団法人中斎塾フォーラム事務局の佐藤昌子さんには、いつものことですが大変な御苦労をかけました。申し訳ないと思っています。又、事務局の深澤智恵子さん、深澤秀治さんには大量の資料入力やコピー・書籍の手配や原稿の校正等々に協力して戴きました。感謝しています。

石川忠久先生には、今回も序文を賜り、漢詩の解説も頂戴しました。大変有難く存じております。

今回は、『藤樹先生全集』五巻、後藤三郎著『中江藤樹伝及び道統』、中江藤樹原著 現代語新訳『鑑草』関西外大教員養成研究会・日本総合教育研究会編訳が大変参考になりました。引用も多くさせて戴きました。改めて記し、感謝申し上げる次第です。又、公益財団法人斯文会の石川忠久名誉副会長、平正路事務局長、学校法人二松学舎の水戸英則理事長、二松学舎大学附属図書館事務部高柳幸雄部長、小林憲二氏、山口洋子さん、大洲市教育委員会内大洲藤樹会事務局の小倉和芳氏、愛媛県立大洲高等学校の皆様には特段の御計らいを戴き、感謝に堪えません。厚く御礼申し上げます。

最後に、明徳出版社の佐久間保行社長、高野麻紀子さんには、いつものようにお世話になりました。有難うございました。

令和三年二月五日

一般財団法人 中斎塾フォーラム・聖橋事務所にて　深澤賢治

深澤　中斎（賢治）

一般財団法人中斎塾フォーラム塾長、㈱シムックス名誉会長・群馬郵便逓送㈱代表取締役会長。
1947年、東京生。69年、二松學舍大学卒業。75年、群馬県太田市に利根警備保障株式会社（現・株式会社シムックス）を設立。社業の傍ら、論語・陽明学・知足等を講ずる。2007年、中斎塾フォーラム設立　2013年、一般財団法人に変更
〔主著〕『澁澤論語をよむ』『陽明学のすすめⅠ　経営講話「抜本塞源論」』『陽明学のすすめⅡ　人間学講話「安岡正篤・六中観」』『陽明学のすすめⅢ　山田方谷「擬対策」』『陽明学のすすめⅣ　人間学講話　河井継之助』『陽明学のすすめⅤ　人間学講話　澁澤栄一』『陽明学のすすめⅥ　人間学講話「三島中洲・二松學舍創立者」』『陽明学のすすめⅦ　人間学講話　佐藤一斎』『素読論語』（明德出版社）『真釈　佐藤一斎「重職心得箇条」』『財政破綻を救う山田方谷「理財論」』（小学館）『警備保障のすべて』ⅠⅡⅢ（東洋経済新報社）他。

陽明学のすすめⅧ　人間学講話　中江藤樹

令和三年三月一日　初版印刷
令和三年三月八日　初版発行

著　者　深澤賢治
発行者　佐久間保行
印刷所　㈱興学社
発行所　㈱明德出版社

〒167-0052　東京都杉並区南荻窪一-二五-三
電　話　〇三-三三三三-六二四七
振　替　〇〇一九〇-七-五八六三四

 ISBN978-4-89619-834-8

深澤賢治

陽明学のすすめシリーズ

陽明学のすすめⅠ 経営講話「抜本塞源論」 ◆定価一、八八五円

陽明学のすすめⅡ 人間学講話「安岡正篤・六中観」 ◆定価一、九九一円

陽明学のすすめⅢ 山田方谷「擬対策」 ◆定価一、九八〇円

陽明学のすすめⅣ 人間学講話 河井継之助 ◆定価一、九八〇円

陽明学のすすめⅤ 人間学講話 渋澤栄一 ◆定価二、〇九〇円

陽明学のすすめⅥ 人間学講話「三島中洲・二松學舍創立者」 ◆定価二、四七五円

陽明学のすすめⅦ 人間学講話 佐藤一斎 ◆定価一、九八〇円

価格は税込価格（税率 10%）